休闲体育产业科学化经营与管理研究

陈彩霞 著

中国商业出版社

图书在版编目（CIP）数据

休闲体育产业科学化经营与管理研究 / 陈彩霞著 . --北京：中国商业出版社，2022.8（2024.1 重印）
　ISBN 978-7-5208-2188-9

Ⅰ . ①休… Ⅱ . ①陈… Ⅲ . ①休闲体育 – 体育产业 – 经营管理 – 研究 – 中国 Ⅳ . ① G812.4

中国版本图书馆 CIP 数据核字（2022）第 152383 号

责任编辑：袁　娜

中国商业出版社出版发行

（www.zgsycb.com　100053　北京广安门内报国寺 1 号）

总编室：010-63180647　编辑室：010-83128926

发行部：010-83120835/8286

新华书店经销

北京亚吉飞数码科技有限公司印刷

*

710 毫米 ×1000 毫米　16 开　13.25 印张　210 千字

2022 年 8 月第 1 版　2024 年 1 月第 2 次印刷

定价：75.00 元

* * * *

（如有印装质量问题可更换）

前言 /PREFACE

休闲是一种时尚,也是人们生活中不可或缺的重要部分。随着经济的发展和工作制度的日益规范,人们的生活方式日渐改善,生活质量不断提高,因此人们有了休闲的物质基础和时间条件,休闲需求也逐渐增长。为此,社会提供了多种多样的休闲方式,其中休闲体育这一特殊的方式与手段颇受人们欢迎。休闲体育是人们度过闲暇时光的一种健康、文明的娱乐活动,它对于引导人们建立健康的生活方式有重要的作用。随着全民健身活动的广泛宣传与推广,人们的运动热情日益高涨,并普遍采取休闲体育活动的方式参与到全民健身活动中。

人们参与休闲体育的目的大都集中在健身与娱乐两个方面。如何科学地参与休闲体育,以达到预期效果,需要理论与实践的双重指导。我国有关休闲体育基础理论与项目实践的研究虽然取得了一定的成果,但因为我国休闲体育的发展时间较短,所以总的来看这些研究还缺乏系统性,对人们日常生活中的休闲体育缺乏实用性。此外,产业化发展是休闲体育发展的重要方向及趋势之一,近年来我国理论界对休闲体育产业的相关理论研究处在对西方理论的移植阶段,且主要集中在对休闲体育产业概念的界定,休闲体育产业的分类、必要性、可行性、功能、作用,发展休闲体育产业的对策等方面的研究,缺乏对具体产业运作与管理的实践研究,这就在很大程度上限制了我国休闲体育产业的发展。鉴于此,特撰写《休闲体育产业科学化经营与管理研究》一书,通过对休闲体育理论、休闲体育产业发展现状、经营与管理的策略等方面的全方位研究来为休闲体育产业的研究及持续健康的发展提供全面指导。

本书主要对休闲体育产业的经营与管理进行剖析和研究。全书分为八章。第一章为休闲体育概述,第二章为休闲体育产业的内涵及相关理论概述,第三章为休闲体育产业的经营管理理论体系,前三章主要分析了休闲体育产业的基本理论;第四章至第八章详细论述了体育健身休闲产业、体育竞赛表演产业、体育旅游产业、冰雪休闲体育产业和其他休闲体育产业的经营与管理。

本书系统地分析、讨论了休闲及休闲体育产业理论的研究现状,围绕着休闲体育产业的几个基本要素,形成了该书理论部分的内容体系;同时,作为理论讲授的依托,实践部分根据休闲体育活动的实际需要,对各种适合大众开展的,内容新颖、丰富的休闲体育产业的经营与管理进行了阐述。在保证发展、管理与经营基本理论知识连贯性的基础上,注重经营与管理实践的介绍,力求浓缩精练,突出针对性、实用性。

本书在写作过程中,参阅引用了大量的文献资料,并得到许多专家、学者的指导和同行的大力支持与热情帮助,在此表示深深的谢意!休闲体育产业的经营与管理涉及的内容极为广泛,且发展更新较快。由于作者的水平和客观条件的限制,书中不当之处在所难免,恳请广大读者提出宝贵意见。

作　者

2022 年 2 月

目录 /contents

第一章 休闲体育概述 ……………………………………………… 1
第一节 休闲体育的起源与发展 ………………………………… 2
第二节 休闲体育的概念、内容与分类 ………………………… 4
第三节 休闲体育的多元理论阐述 ……………………………… 29

第二章 休闲体育产业的内涵及相关理论概述 …………………… 39
第一节 休闲体育产业的概念与内涵 …………………………… 40
第二节 我国体育产业的组织形式 ……………………………… 50
第三节 我国体育产业的发展模式 ……………………………… 52
第四节 我国休闲体育产业的发展现状 ………………………… 53

第三章 休闲体育产业的经营管理理论体系 ……………………… 55
第一节 休闲体育产业经营管理概述 …………………………… 56
第二节 休闲体育产业经营管理的基本理念 …………………… 78
第三节 休闲体育产业经营管理的基本原理 …………………… 80
第四节 休闲体育产业经营管理的内外部环境 ………………… 83
第五节 休闲体育产业经营管理的策略 ………………………… 90

第四章 体育健身休闲产业的经营与管理 ………………………… 93
第一节 体育健身休闲产业概述 ………………………………… 94
第二节 体育健身休闲产业发展现状分析 ……………………… 95
第三节 体育健身休闲产业经营与管理的策略 ………………… 102

第五章 体育竞赛表演产业的经营与管理 113
第一节 体育竞赛表演产业概述 114
第二节 体育竞赛表演产业发展现状分析 115
第三节 体育竞赛表演产业经营与管理的策略 118

第六章 体育旅游产业的经营与管理 137
第一节 体育旅游产业概述 138
第二节 体育旅游产业发展现状分析 149
第三节 体育旅游产业市场的开发与管理 153

第七章 冰雪休闲体育产业的经营与管理 161
第一节 冰雪休闲体育产业概述 162
第二节 冰雪休闲体育产业发展现状分析 166
第三节 冰雪休闲体育产业经营与管理的策略 167

第八章 其他休闲体育产业的经营与管理 169
第一节 电子竞技产业的经营与管理 170
第二节 滨海休闲体育产业的经营与管理 185
第三节 垂钓休闲产业的经营与管理 191

参考文献 200

第一章

休闲体育概述

随着社会经济的快速发展和信息时代的来临,人们的物质生活越来越丰富,人们的生活方式和价值观念发生了很大的变化。相比于传统的农业社会,现阶段的人们在工作之余有越来越多的闲暇时间,人们越来越关注生活质量的提高和精神世界的富足。体育作为一种社会文化现象,其价值、功能和作用正在被越来越多的人所认识,因此,以强身健体、愉悦身心为主要目的的休闲体育便进入了人们的生活。

第一节 休闲体育的起源与发展

一、休闲体育的起源

体育最早作为一项产业起源于英国,这一观点基本上得到了世界范围内学者的认可。历史的车轮转到工业革命的时候,英国的体育发展也到了关键的时刻。工业革命带来的巨大资本,使体育比赛在体育组织、比赛规则、经营机制等方面都进入了现代资本运作时期,不断朝着更加专业化的方向发展,成立了职业体育俱乐部,而且职业俱乐部制度后来成了欧洲职业体育的主导模式。

英国的文化习俗以及经济制度等很多方面随着17、18世纪英国向全世界不断进行的殖民扩张传播到了世界各地,其中北美殖民地(现今的美国)在实现独立后继续了英国的体育文化。

总的来说,休闲体育的起源有两条主要的基本线索:一条是体育慢慢从自我娱乐的活动变成商业化与职业化的历程;另一条是英国的俱乐部制和美国的联盟制慢慢形成,并在各个运动项目中得到推广。俱乐部制和联盟制在后来成了世界所有国家发展体育产业的两大基本模式,对世界体育的发展具有非常深远的影响。

二、我国休闲体育发展历程

西方体育文化为中国近代体育的发展做出了一定的贡献,我国休闲体育从萌芽到发展,大致可以分为以下四个阶段。

(一)探索实验阶段(1979—1992年)

从1949年中华人民共和国成立开始,我国进入当代体育发展的新时期。20世纪的最后20年是中国体育飞速发展、获得空前成就的20年,更是中国当代体育迅速崛起的时期。我国提出了体育社会化的发展方针,开办经营实体,实行有偿训练,企业赞助,扩大体育服装、器材经营,发展体育用品公司。体育由单纯依靠国家投资向以国家投资为主,社会多方面筹资为辅转变。但这个时期,由于对体育产业的认识还比较肤浅,体育产业的发展还没有达到应有的水平,这时的体育产业大都停留在"体育搭台、经贸唱戏"的阶段。

(二)全面发展阶段(1993—1995年)

党的十四大以后,随着社会主义市场经济体制的确立,竞技体育发展开始实现面向市场化、实体化和职业化的改革,竞技体育运动项目管理职能部门开始从政府管理中分离出来,特别是以足球改革为突破口,推进各级足球协会实体化,将足球推向市场进行试验。足球改革的成功经验,被推广到整个竞技体育系统。

(三)初步形成体系阶段(1996—2013年)

中体产业集团股份有限公司的股票于1998年2月25日在上海证券交易所的成功上市,为中国体育产业的发展树立了一个新的里程碑。目前,在上市公司中,以体育产业为主营业务的公司已达四家,通过证券市场的直接融资,实行资本运作,极大地促进了我国体育产业的发展,形成规模效益,规范了体育产业企业的经营管理。我国体育市场体系也逐步完善,产业结构进一步优化,体育市场主体日趋成熟,呈现投资主体多元化的发展趋势。

(四)快速发展崛起阶段(2014年至今)

2014年10月20日,《国务院关于加快发展体育产业促进体育消费的若干意见》(以下简称"46号文件")出台,体育产业发展获得重大机遇,迎来发展的黄金时代。自"46号文件"发布以来,多部委联合政策纷纷出台,多方位规划护航体育产业持续发展。2008—2022年,我国的体育比赛事业经历了伦敦奥运会、里约热内卢奥运会、北京冬奥会,奥运体育产品、奥运体育旅游、奥运体育附加产业为其带来了丰厚的效益,促进了我国体育产业的发展。

三、我国休闲体育产业发展的趋势

第二次世界大战以来,第三次科技革命的发展,一方面促进了物质生产部门的迅速发展,既为交通、通信和金融的发展创造了新的物质技术基础,也对这些生产性服务业提出了更高、更多的要求;另一方面使物质生产部门的劳动生产率不断提高,大大缩短了劳动时间,使人们对于文化娱乐、旅游、体育等服务性消费有了新的需求。特别是20世纪70年代以来,服务业获得了较快发展,成为国民经济最主要的部门。

我国休闲体育产业对我国经济的贡献持续增长,也反映出体育产业对经济的贡献进一步扩大。国家将建设健康中国、全民健身上升为国家战略,进一步推动体育融入生活,培育人们健康绿色生活方式。同时,体育投融资兴起拓宽了体育产业资本来源。另外,信息化、全球化、网络化带动了体育与各领域的跨界融合,"互联网+"行动计划、"大众创业、万众创新"为体育发展激发新活力。

第二节 休闲体育的概念、内容与分类

一、休闲体育的概念

(一)休闲时代的来临

回顾历史,并没有出现真正意义上的休闲时代。古希腊人的休闲生活只是一种理想的生活状态,是建立在奴隶制度基础上的人们非自愿服务的生活,是少数人依靠奴隶制度剥削、奴役大多数人而享受的休闲,但由于政治与经济环境的不稳定,贵族阶层也并非无忧无虑地生活。中国古代能过所谓"休闲"生活的人也是极少数的,如春秋战国时期的游侠和食客、魏晋南北朝时期的隐士,他们在貌似潇洒的生活背后背负着沉重的精神压力。少数人或者某些阶层的休闲生活并不代表整个社会进入了休闲时代。

到了20世纪下半叶,人们的生活水平普遍得到了提高,人们除了工作和做家务之外,有了越来越多的剩余时间。在发达国家,人力资本投

人与劳动力素质的差异形成了经济福利的差别,从而造成人们在休闲行为上的分化,即出现了以休闲为生活中心的群体和以工作为中心的群体。休闲服务业主要针对那些在事业上已经有所成就的个人和群体,一部分人率先过上了高质量的休闲生活,并把一些高消费的体育运动项目作为休闲娱乐的内容。随着工作时间的减少,共同分享工作的时代已经来临。

当人类走到20世纪末,越来越多的国家面临着新选择:要么继续维持现有的工作时间使越来越多的人失业,要么不断减少工作时间倡导人们积极休闲。显而易见,人类的可持续发展之路是增加全体人类的闲暇时间,并且在这个越来越重要的领域里从事越来越多的精神生产、身体锻炼等各种活动。休闲的问题成为社会关注的热点,人们意识到,休闲很可能成为下一个时代的特征。

休闲表现为个人或集体的积极实践,休闲时间的增多就意味着提供给休闲的基础设施也要增加,休闲业已成为一个重要的社会产业。假期越来越多,每年外出度假的人越来越多,利用周末和短期假期外出游玩的人数的增加更能说明休闲的热潮滚滚。体育休闲娱乐活动发展速度惊人,自发参加体育活动的人数难以统计。[①] 在发达国家,人们利用休闲时间从事自己感兴趣或者想从事的事,休闲时间的合理利用不仅实现了人们自我追求的目标,而且使人们内心世界更加富足,达到了愉悦身心、自我满足的目的,人们的生活质量也随之提升。随着工作时间的不断缩短,公共性的、商业性的娱乐场所越来越多,人们可以自由地参与到这些休闲活动中去,休闲娱乐已成为人们生活中不可缺少的一部分。

随着信息时代的来临,人们的工作方式也发生了巨大的改变,越来越多的人在家里通过互联网进行工作,免去了上下班的舟车之劳,甚至所有购物需求都可以在家中解决,部分人还可以在工作中休闲,在休闲中工作。休闲时代的脚步越来越近了。

---

① 肖洪凡,刘晓蕾.休闲体育课程建构理论与实践研究[M].石家庄:河北人民出版社,2019.

（二）休闲的特征

对于休闲的认识和理解，不同的文化有着不同的解释和表达，但对其本质的追求依然呈现出同一性。传统的儒、道、佛学对休闲的认识实际上是一个十足的理想模式，休闲要超越制约我们的各种束缚，体现人的精神世界和价值，寻求生活的质量和美的体验。但这种定位至少表达出了我国传统哲学思想的追求，即君子忧道不忧贫的精神，返璞归真、顺应自然的境界，随缘人生、淡泊名利的平常心态。

1979年，冈特（Gunter）在《休闲体验的性质》一文中从现代社会的精神和意识角度对休闲进行了阐述。他认为，休闲的特质应包括选择、自足、高度投入于享受、忘记时间流逝、奇妙幻想、创造性和自发性。事实上，冈特描述的是休闲活动参与过程中应该具有和保持的各种心境和状态。换言之，在冈特的眼里，休闲活动应该让人感到十分享受和满足，能够使人在活动中忘却时间，超越现实而且深情地投入，并要在活动中充分地展示自己，表现出个人的创造能力等。在现实生活中，一次休闲活动完全具备这些内在特质并不那么常见，或者它仅仅是休闲活动的理想模式，但这样的表述反映了一种对休闲内涵的理解，与中国的儒、道、佛学对休闲的追求有异曲同工之妙。

（三）何为休闲体育

近年来，休闲已经成为一种时尚，"休闲"一词已成为出现频率越来越高的用语，几乎尽人皆知。但是，对休闲的含义，真正理解的人却不多。英文的"Leisure"一词来源于古法语"leisir"，古法语源于希腊语，"休闲"在希腊语中为"Schole"，意为休闲和教育，从发展娱乐中得益并与文化水平的提高相辅相成。"Leisure"一词中休息的成分很少，消遣的成分也不多，主要指"必要劳动之余的自我发展"，表现了"休闲"一词所具有的独特文化精神内涵。

休闲，按现代汉语的字面意思解释，"休"乃是休息、休整、休养、休假之"休"，有离开工作、摆脱烦恼、自由调整等含义；"闲"有闲适、闲散、闲暇、闲逸、闲静之意。休闲体育是指人们在余暇的时间里，在自由的环境和条件下，为了丰富生活、增进健康、调节精神而自愿进行的放松身心的各类体育活动，内容选择以个人爱好为前提，如游戏、球类活动、郊游、垂钓、登山等。

(四)休闲的构成要素

根据前面我们对休闲概念的理解和解释可以看出,我们在定义中并没有提出诸如自由时间、非工作活动、自由感、活动方式等概念,却包含了这些概念所能提示的内容,即休闲就是人们自由地利用空闲时间做自己感兴趣或者想做的事情,以实现自我精神追求或达到满足个人愿望、愉悦心情的目的。根据对休闲这一概念及其内涵的分析可以得知,休闲至少由以下几个要素构成:自由时间、活动方式、精神状态、经济能力、活动空间。从前面对休闲的认识和理解来看,这几个要素实际上也是从不同的角度来反映休闲的构成内容。

1. 自由时间

自由时间,顾名思义是指工作和生活之外的空闲时间。对自由时间还可以有如下认识:第一,自由时间是活动者自己可以自由支配的时间;第二,在自由时间中所从事的活动不是由于任何外在压力、目的和义务,而是出自自我目的的活动;第三,自由时间所从事的活动不是生产劳动,主要是娱乐和休息。

需要注意的是,自由时间和休闲时间并不完全对等,自由时间主要侧重于活动主体对于这段时间所具有的社会权利,并不能完全表达时间耗费的目的和方式,而休闲时间则完全表明了时间的性质及其使用取向。

2. 活动方式

由于人们的兴趣爱好不同,人们利用自由时间所从事的休闲活动方式也不同,即使是休闲活动,也常常表现出个体的特征。所以,休闲的活动方式是多种多样的。休闲的活动方式是在自由意志下随心所欲的自由活动,这种活动不为某些外在目的所驱使,而是以活动者的爱好和兴趣为内驱力。

3. 精神状态

精神状态是指个体在参加自由活动时所持有的态度,以及由此形成的满足感、成就感、愉悦感等主观感受。依照心理体验的理论,体验是个人对外部材料进行感知与同化的一种精神及情感过程。早期对休闲进行的心理学角度的研究认为,休闲方式是先于人们的选择而存在的,那么,个人为什么选择这种而不选择那种呢?选择的理由完全取决于行为者的心理机制。

我们姑且不去讨论休闲是否可以被定义为"精神状态",首先可以肯定的是,活动过程中人们的精神状态决定着活动的效果。休闲是活动者在一定的精神状态下进行各种活动,因此,精神状态在休闲的内涵中应是一个十分重要的组成部分。

4. 经济能力

经济能力在经济社会中十分重要,它主要指社会与个人所具有的获得生活资料的手段、方法和技能。休闲是个体需要进行消费和实践的,与个体的经济能力有必然的关系。人们基本的生活需要的满足活动是一切其他活动的基础,这个前提得不到一定保障,其他社会活动必然会受到影响。满足生活需要的活动从本质上讲就是人的经济活动。人的经济能力不同,选择的休闲方式也不一样。

5. 活动空间

活动空间是指没有压力的活动环境。由于休闲的方式可达到随意多的程度,因此,人类休闲活动的空间完全视活动方式的基本需求而定。活动空间分为两种:个人空间和公共空间。个人空间也可以称为私人空间,通常以私人住宅为主体。这种空间不仅是人们居住的空间,也是家人以及亲朋好友休闲活动和交往之处,因此,现代城市民居规划往往成为城市建设的中心和支点,家居环境则成为评判个人生活质量的重要参数之一。公共空间有工作空间与休闲空间之分,其中休闲空间就是现代生活中人们日益重视和强调的重要活动空间。

人们是否愿意投入休闲取决于个体的生活态度和个人的性格特性。有些人尽管有充足的闲暇时间,也有足够的经济能力,但是却没有参与休闲活动的意愿和行动;有的人虽然工作很忙,但也会抽出时间想方设法让自己得到片刻放松。显然,拥有休闲的条件并不能决定人们是否会选择休闲,人们的观念和意识才是行动的决定性因素。同样,如果拥有足够多的活动方式,却缺乏参与的兴趣,那么也不会产生参与休闲的欲望。

二、休闲体育的内容

可用于休闲的体育活动多种多样。从经费投入来看,既有对场地和经费投入要求不高的传统体育活动,如武术、气功、散步、跑步、徒手体操等;也有需要一些专门场地和设施以及一定投入的现代体育活动,如网球、游泳、家庭器械健身等;还有对场地、设施、投入要求都很高的新潮体育活动,如高尔夫球、保龄球、赛车、摩托艇、攀岩、热气球、滑翔翼等。从活动所依托的背景来分,主要有三个方面:陆域——以山林野外为背景的登山、攀岩、定向徒步越野、郊游、山地自行车运动、野外旅行、探险、滑雪、滑冰、雪上摩托等;水域——划船、赛艇、帆板、水上摩托、潜水、冲浪、滑水、钓鱼、游泳、木筏漂流等;空域——滑翔、跳伞、热气球等。

三、休闲体育的分类

(一)中华民族传统休闲运动

中华民族传统休闲运动具有悠久的历史和深厚的文化底蕴,特别具有各民族特色,集传统健身、养生、竞技和娱乐等休闲体育功能于一体。中华民族传统休闲运动深受大众喜爱。

1. 太极拳

太极拳作为中国传统拳术的一种,其文化源远流长、博大精深,是中国传统文化中的瑰宝。长期以来,太极拳因其强身、防身、修身、养性等功能在民间广泛流传(见图1-1)。"太极"一词源于《周易·系辞》:"易有太极,是生两仪,两仪生四象,四象生八卦。"太极,是指天地混沌未分时的元气,而世界上万物都以阴阳二气造化而成。太极拳就是在太极理论的基础上发展而来的。在"太极拳"这个名称固定下来之前,它最早被称作"长拳",因为这种拳招式繁多、变化多端,一打起来犹如长江之水滚滚流淌,又因为它行拳如行云流水般流畅,绵绵不断,也被称为"绵拳"。

图1-1 太极拳

太极拳是中国武术文化发展历程中诞生的一种武与道相结合的优秀拳种，集式与道之大成，其拳理可称得上是武术领域的最高境界。就其起源之说，可谓公说公有理，婆说婆有理，各执己见，得不到一个完整统一的共识。其中比较有影响力的看法主要有两种：一种观点认为太极拳是被奉为太极宗师的武当山道士张三丰编创的；而另一种观点也是比较流行于大众的观点，认为是明末战将陈王廷解甲归田后在自己家乡河南省温县陈家沟所编创的。尽管大众对太极拳创始人是谁意见不同，但对于太极拳是在明清时期开始发展和推广的这一观点都是赞同的。

关于太极拳是怎样流传开来的，人们也有很多不同的观点。在现存的各派太极拳中，陈式太极拳的历史最为悠久，其他各派太极拳或直接或间接都是由陈式太极拳演化而来的。最开始陈王廷所创的太极拳仅限于在河南温县陈家沟陈氏族人中流传，被尊称为"陈氏太极拳"。陈王廷在太极拳发展过程中起到的重要作用是不可否认的。而后自陈氏第十四代孙陈长兴和其族侄陈青萍开门传授外姓弟子，陈式太极拳开始流向社会并传播开来。而师从陈长兴的河北永年人杨露禅学成后到北京传习太极拳时，为了满足宫廷里的达官贵人们练习的需要，改编了拳套动作，删除了一些高难的动作，进而开创了舒展大方、架势较高、以柔为主、柔中有刚的杨氏太极。在此基础上，衍生出的各式太极拳流派，主要有陈式、杨式、武式、吴式、孙式。随后出现了总结前人拳法的陈氏家传《三三拳谱》等著作。到了第十六世,陈鑫更加全面深入地撰写了《太极拳图序言》等传世著作。

在太极拳的传承与创新之中,各式太极拳的开山大师,无一不是武术界殿堂级人物,他们都以自己对太极拳的理解诠释太极拳。各种流派的形成与发展标志着太极拳的丰富与发展。

练习太极拳,要求"心静",注意力集中,并且讲究"用意",这些都对大脑活动有良好的训练作用。经常练习太极拳的人都感觉练完太极拳后周身舒适,精神焕发,而且反应灵敏。练拳可以提高人的"情绪","情绪"提高了,各种生理功能也就都活跃起来了。尤其是对于某些患有慢性病的人,"情绪"的提高更为重要,因为它不仅可以活跃各种生理功能,还能够使病人祛除杂念,脱离病态心理。太极拳不仅广泛地流传于中国,而且已迅速地传播到海外。据统计,太极拳已传播到了150多个国家和地区,有的国家练习太极拳的人数还相当多。

2. 民族式摔跤

摔跤是我国少数民族十分喜爱的传统休闲体育运动,具有悠久的历史。在我国,蒙古族、维吾尔族、藏族的摔跤尤为著名。

(1) 搏克

搏克又称蒙古式摔跤。搏克,在蒙古语中代表结实、团结、持久的意思,而摔跤选手被称为"搏克沁"。有人说蒙古族是一个"搏克沁"民族。据考证,早在西汉初期,匈奴便盛行摔跤。据《1955—1957年陕西省长安坡西的发掘报告》描述,葛贤庄104号墓出土文物中有一个长方形铜牌,上面刻有两个匈奴人正在摔跤,摔跤的架势、套路和今天的搏克相似。因此,一般认为搏克摔跤已有近两千年的历史。

搏克对场地无特殊要求,有一块平坦草地或土质地面即可举行。比赛规则简单明了,不限时间,参赛者也不分体重,膝盖以上任何部位着地即为输。搏克要求选手腰、腿部动作协调配合,在对抗中充分显示自己的力量和技巧。团体比赛采用3人轮换制或点将制(不得少于5人,均为奇数),个人赛是以个人在预赛、决赛中的成绩确定个人名次的比赛;预赛每场时间为9分钟,决赛时间为5分钟;团体赛是以每队在团体赛中的成绩确定名次的比赛,每场时间为15分钟。这项运动多在"那达慕"大会上举行,数百上千的人观看选手龙争虎斗,场面蔚为壮观。[①]

（2）且里西

且里西是维吾尔族人民喜爱的传统体育运动,维吾尔语称摔跤为"且里西"。元朝时期,西域设立"校署",负责管理各民族部落的摔跤和其他竞技活动。《新疆图志》中记载：男子四五岁行割礼,诸亲友相率馈物致贺,为赛马斗跤之乐。自此,摔跤运动逐渐发展,并成为各种喜庆节日活动的主要内容。

（3）北嘎

藏族式摔跤,藏语称为"北嘎"。藏族由于分布的地域广阔,因此其运动的形式及规则略为不同,有四川阿坝式、青海式、西藏式、甘肃式等。

在吐蕃时期建成的拉萨大昭寺、山南桑耶寺的多处壁画中都有极其详细的对藏族摔跤的描绘。其中一组壁画描绘比赛的双方正在全力以赴摔跤的情景,有的刚开始摔,有的正摔得你来我往,还有的已被摔倒在地。通过壁画的描绘,再现了吐蕃时期摔跤文化的繁盛。新中国成立后,在国家民委和原国家体委的领导下,传统北嘎在继承藏族传统风格的基础上进行了修改与完善,从而形成了现在的北嘎。

（二）一般户外休闲运动

户外运动是一种参与者通过自身努力而使身心得到锻炼,同时使自身更能贴近自然、感受自然的运动。户外运动主要以户外休闲、体育运动、自然考察、野外生存、登山探险、观光旅游等形式出现。

如今,在喧嚣城市中生活的人们被紧张的工作、污浊的空气压抑得喘不过气来,对大自然的向往就越发强烈。户外休闲运动这一健康积极的休闲方式在帮助人们锻炼身体、释放压力的同时,也为人们创造了亲近自然的机会。

1. 定向运动

定向运动发展至今已经有一百多年的历史,它最早起源于19世纪末的瑞典和挪威。定向运动起初只是一项军事体育运动项目,旨在通过训练和比赛提高军人在深山里辨别方向、选择道路以及越野行进的逻辑

---

① 谢卫,邹建卫,刘雨,等.休闲体育概论[M].成都：四川大学出版社,2014.

思维能力以及分析、解决问题的能力。1918年,瑞典的一名童子军领袖组织的一次"寻宝游戏"活动促进了定向运动的形成。随着这项运动的进一步推广,从挪威、瑞典逐步扩展到芬兰、丹麦,到20世纪30年代,定向运动已经在欧洲的许多国家发展起来。1979年定向运动传入中国香港地区,1983年传入内地,并于1994年在北京举行了第一届中国定向运动锦标赛。

"定向"一词在1886年首次被使用。定向运动指的是参与者利用定向地图和指北针,按照规则规定的顺序和方式,自行选择路线到达地图上所标示的各个目标点,以在最短时间内到达所有目标点的参与者为胜。世界上第一张专业的定向地图于1948年由挪威人绘制而成。

定向运动一般都会选在野外森林进行,也可以在城市的郊外、环境优美的公园以及规模较大的大学校园等场所进行。

定向运动开展的类型有许多种,比如定向越野、接力定向、滑雪定向、山地车定向、轮椅定向、夜间定向、公园定向等。下面着重介绍一下定向运动中开展最为广泛的定向越野运动。

定向越野运动是众多定向运动中组织方法相对简单的一项运动,又被称为徒步定向。它主要考察的是参与者识图用图、野外选择路线和奔跑的能力,男女老少可以同场竞技,是一项老少皆宜的运动。定向越野运动在判定比赛成绩的方法上也比较灵活多变,可以个人跑计个人成绩、个人跑计团体成绩或者个人跑计个人与团体成绩。

定向运动是一种十分健康的益智类体育项目,可综合考察参与者的智力与体力。定向运动在帮助人们强健体魄的同时,也培养了其独立思考、独立解决所遇问题以及随机应变的能力。

定向运动在人们平日运动休闲过程中可以提供一个广阔的社交平台,让来自不同背景、阶层的人有互相交流的机会;定向运动对装备的要求门槛低,所需要的只是一张好的定向地图和一个指北针,服装上可以着专业套装,也可以着普通运动服装,因而有广泛的群众基础,人人都可以参与其中;定向运动给平日里的家庭运动休闲生活提供了多元化的选择,开展过程中能增进家庭成员之间的协作精神,也可使他们回归大自然,放松身心。

2. 马术运动

马术运动是在马上进行各种运动的总称(见图1-2)。现代马术源于12世纪中叶的欧洲王室,至今已有几百年的历史,可以说是历史相当悠久的一项传统运动,当时被称为王者的运动,可见马术运动是何等的高贵气派。马术运动的参与者皆穿华丽的礼服,再加上马术观赏性十足,因此会吸引大量观众。在西方,马术运动凭借其高雅刺激的娱乐性,被誉为第一贵族运动。

图1-2 马术运动

中国自古以来就是马业大国,赛马历史源远流长。赛马和骑术的出现密切相关。地处北部的古代游牧部落在我国最早使用和发展了骑术,也是可能最早出现赛马的地方。到了商代,御马之术已成为统治阶层所提倡的"六艺"之一。春秋战国时期,随着马具和骑术的日趋成熟,较有组织的赛马也在贵族阶层兴起。周朝开始,马政已逐步形成。各朝统治政权出于军事需要,都致力于马政建设,兴办马场、发展马业,曾出现过隋、唐、明等养马盛世。古代赛马史是我国底蕴深厚、丰富多彩的马文化的重要组成部分,也是我国现代马业发展的基石。

马术运动是接近自然的一种运动方式,不仅可以锻炼参与者的敏捷性与协调性,还可以使其全身肌肉都得到锻炼,尤其是腿部肌肉。而且在与马匹的交流中,参与者也能愉悦身心。经常参加马术运动还能达到体疗的效果,可对人的情绪和健康状况起到良好的作用。通过骑马能够减轻或消除内心的紧张、束缚,从而培养勇敢、机敏和顽强的特质。另外,通过骑马体疗还可促进新条件反射的形成和新习惯的养成,恢复人们由于长期缺乏运动而受损的机能。

（三）极限休闲运动

极限休闲运动是参与者借助现代高科技手段和体育运动方式演绎而成的独特运动，它的运动形式能最大限度地发挥参与者的自身潜能以及挑战自身的极限，使其充分实现自我的价值。

1. 攀岩运动

（1）攀岩运动概况

攀岩运动是从登山运动中衍生出来的一种新型休闲体育项目，它起源于18世纪末期的"阿尔卑斯运动"，也就是登山运动（见图1-3）。在20世纪50年代的欧洲，攀岩运动作为一个单独的体育项目从登山运动中独立并发展起来，最早出现在苏联和欧洲的部分地区和国家，以攀登自然岩壁为主。因为场地是自然岩壁，所以攀岩运动的开展会受场地、天气、交通等外部因素的制约。直到1985年法国人发明了自由装卸的，由仿真沙子、石头、玻璃纤维和其他现代高科技原料混合制成的岩壁，才成功地把攀岩运动从纯自然岩壁发展到室内的人工岩壁。

图1-3 攀岩运动

随着攀岩运动的不断发展，攀岩运动的形式也变得多种多样。按照攀岩地点可分为自然岩壁攀登和人工岩壁攀登；按照攀登形式可分为自由攀登、器械攀登、顶绳攀登和先锋攀登；按照比赛形式可分为难度攀岩、速度攀岩和抱石攀岩；按照比赛性质可分为完攀、看攀、红点攀、速度攀岩和大圆石攀岩；根据不同的地貌和攀岩技术特点可分为岩石作业和冰雪作业两大类。攀岩运动被全球的攀岩爱好者亲切地称为"峭壁上的芭蕾"。

（2）简要比赛规则

①岩壁要求。所有由国际竞技攀登委员会（ICC）授权的比赛都必须在专门设计的人工岩壁上进行，要求每条路线宽度至少达到3米，高度至少达到12米，路线的攀爬长度至少达到15米。经裁判长批准，局部地形窄于3米的岩壁亦可用于比赛。整个岩面均可用于攀登，但选手不得用手抓岩板上的螺丝孔。攀登中不允许使用岩壁的侧缘和顶缘。

②比赛形式。

难度攀岩：以上方攀登、下方保护的方式进行比赛，选手按规定顺序依次将保护绳扣入快挂。选手的攀登高度决定其在该轮比赛中的名次。

速度攀岩：选手以顶绳保护方式攀登，完成路线的时间长短决定选手在该轮比赛中的名次。

抱石攀岩：抱石攀岩由数条技术难度较高的短路线组成。根据安全的需要，针对不同类型的路线采用不同的保护方式（分保护者在上方、保护者在下方、无保护三种）。参赛者的累积积分点数决定其在该轮比赛中的名次。

难度攀岩中包括以下几种攀登的方式：在规定的路线观察时间里观察路线，然后进行攀登；观看完路线员预先演示再进行攀登；对路线进行规则允许的练习之后再进行攀登。速度攀岩在选手攀登之前会由经授权的路线员进行攀登演示。

2. 蹦极

蹦极，也叫机索跳，是近年来新兴的一项非常刺激的户外休闲运动（见图1-4）。蹦极的玩法有许多种，按照跳法分类主要有绑腰后跃式、绑腰前扑式、绑脚高空跳水式、绑脚后空翻式、绑背弹跳、双人跳；按地点分类有桥梁蹦极、塔式蹦极、火箭蹦极；按蹦极技巧和人数还可分为自由式、前滚翻、后滚翻、单人跳、双人跳。每种玩法都会让人有不同的感受。

图1-4 蹦极

（四）滨海休闲运动

充沛的阳光（Sun）、松软的沙滩（Sand）与海浪（Sea）构成了以"3S"著称的滨海休闲资源。正是这些丰富的资源为开展各项丰富多彩的滨海休闲体育运动提供了天然的场所，滨海休闲体育运动便是在这样的环境中成长起来的。

滨海休闲运动的特征比较明显，它主要是使人们通过充分接触大海和沙滩的方式，达到放松的效果，最终达到休闲娱乐的目的（见图1-5）。我国有悠长的海岸线，故而也有丰富的滨海资源，这非常有利于为人们提供集悠闲、体育、娱乐于一体的滨海休闲活动。

图1-5 滨海休闲运动

我们把活动范围集中在陆地的休闲体育活动称为陆地休闲体育活

动,把主要活动范围集中在海滨地区或海上的休闲体育活动称为滨海休闲体育活动。滨海休闲体育活动项目众多,其活动形式主要借助沙滩、海水等自然条件及运动器材开展,如沙滩日光浴、沙浴、沙雕、沙滩排球、沙滩足球、沙滩跑步、沙滩车、冲浪、戏水、帆船、帆板、海泳、潜泳、休闲潜水、拖曳伞、海上降落伞、高空滑翔伞、海上滑翼机、海钓、岸钓以及船钓,等等。下面将着重介绍沙滩足球、沙滩排球、休闲潜水和冲浪。

1. 沙滩休闲运动

(1)沙滩足球

沙滩足球是普通足球运动的衍生物,最早诞生于传统的足球强国巴西(见图1-6)。20世纪20年代,在里约热内卢的海滩上就出现了沙滩足球运动,当时它的比赛形式是11人制赤脚足球比赛,这便是沙滩足球的雏形。由于沙滩足球不仅能展示参与者花哨的技巧,而且其开展的地点又在美丽的海滨,所以它迅速成为巴西国内流行的一种休闲享受型运动。为了避免这一运动对巴西的传统足球产生负面的影响,当时里约热内卢的市长曾一度想禁止这项运动,但是由于市民联名上书反对,他改变了想法。正是由于市民的努力与市长的妥协,才使得沙滩足球得到了极大推广。

图1-6 沙滩足球

随着沙滩足球参与人数的增多,沙滩变得越来越拥挤,要留出空余的场地非常困难,这使得最初11人制的沙滩足球很难继续开展下去,所以才有了现在流行的5人制沙滩足球。

沙滩足球不但具有足球运动的基本特点,同时还具备一些独特性:其一,很强的地域性。沙滩足球运动要求在较厚的细沙中进行,有细沙的海滩、江滩、河滩等都是开展沙滩足球运动的良好场所,有如此条件的城市并不是很多,因此沙滩足球运动大多数集中在沿海地区。其二,极具观赏与娱乐性。沙滩足球运动由于场地松软,缓冲力比较强,比赛过程中常出现"倒挂金钩""飞身扑救"等花哨的技术动作,因此比其他形式的体育活动更具有观赏性和娱乐性。

就我国目前开展沙滩足球运动的情况来看,山东青岛、浙江舟山、福建厦门、广东广州、广西北海等沿海地区组织开展了多届沙滩足球比赛,参与人数众多,极大地促进了沙滩足球在我国的发展,尤其是浙江舟山,是开展沙滩足球最好的城市之一。

沙滩足球竞赛简要规则如下:首先,在替换队员方面没有人数限制。两队在同一场地内通过对抗、配合进行攻守。其次,一场比赛时间为36分钟,包括三个小节,在每两节之间有1分钟的休息时间。最后,沙滩足球根据犯规的不同程度,通过亮牌的形式给以不同程度的处罚,包括黄牌、蓝牌和红牌。黄牌的意思是球员被裁判警告一次,蓝牌是指同一球员被裁判第二次警告,红牌是指同一球员受到第三次警告,同时也意味着该球员被罚下场。在比赛规则上,蓝牌可以说是沙滩足球的独特之处,因为领到蓝牌的队员将接受出场2分钟的处罚。就正规的沙滩足球国际比赛来看,因为参赛运动员是赤脚上阵,所以对比赛场地的要求十分严格,场地表面必须是由沙子组成,场地必须是平坦的,场地里面没有贝壳、石头和其他尖锐物。除此之外,沙子必须经过筛选,没有粗块才被允许使用。沙子必须是细颗粒,但又不能太细,否则容易弄脏或粘在身上。另外,沙子的深度不得少于40厘米。

(2)沙滩排球

沙滩排球是传统室内排球的衍生物,在20世纪20年代兴起于美丽的海滨——美国的加利福尼亚,与诞生于巴西里约热内卢的沙滩足球几乎同时。1927年,该项运动穿越茫茫的大西洋被传播到了法国。20年后,在美国加利福尼亚州的国家海滨浴场举行了首届2人制沙滩排球赛,并获得了赞誉。随着人们生活水平的提高,沙滩排球得到了良好的发展。

沙滩排球的基本规则、场地大小、排球大小、计分裁定以及交换发球权等方面均与室内排球运动基本一样。但是，沙滩排球运动具有更大的随意性和娱乐性，参与者对于种种的规则可以置之不理，甚至可以自己制定规则。同时，沙滩排球对于服装的要求也十分随意，根据个人爱好，背心、短裤、遮阳帽、太阳镜等均可穿戴。

国际排联对沙滩排球运动的定义是：在沙滩上或者其他软场地上按有关规则举行的排球运动即为沙滩排球运动。这个定义有效地帮助沙滩排球在全世界范围内普及开来。这样一来，沙滩排球比赛既可以在海边的沙滩上进行，又可以在人造沙滩上举行。同沙滩足球类似，沙滩排球对沙地也有要求，厚度至少达到40厘米。在远离沙滩的城市，即便没有自然的沙滩，也可以修建人工球场来解决此问题。由此可见，沙滩排球运动是开展全民健身、休闲的好项目。

2. 海上休闲运动

（1）休闲潜水

休闲潜水是指以水下观光和休闲娱乐为目的的潜水活动，可分为浮潜和水肺潜水。潜水起源于人类从海洋中获取食物以及打捞作业、军事活动的需求，经由潜水先驱的探索和牺牲，终成一种职业，其漫长的历史可以追溯到五千多年以前。早期的潜水大多做一些从水里捞取食物、海绵、珊瑚、珍珠的工作，或者从沉船中打捞贵重物品。军事潜水从早期一直延续到今天，从水下格斗、船底凿洞、建造和破坏港口工程到水下侦察、检修舰船、爆破、水下建筑和海上搜救打捞等，其规模和作用对潜水技术的发展皆不可忽视，军事潜水一直是潜水技术日新月异、不断发展的强大推动力。如今，越来越多的国家关注到潜水设备和潜水装置的研发。

①浮潜。浮潜，是指浮在水面而不潜入水中的浮游活动，所需要的装备是"浮潜三宝"——面镜、呼吸管、脚蹼（见图1-7）。需要注意的是，大多数首次下海浮潜的人最好先在泳池内熟悉"浮潜三宝"的使用方法，不会游泳的人最好选择穿上救生衣，以保证安全。事实上，浮潜初学者仅仅需要很短的时间便可了解和掌握"浮潜三宝"的使用技巧，因为借助了呼吸管所以能解决游泳中最难掌握的换气呼吸问题。另外，海水的浮力大，只要海中没有大浪，人肯定能漂浮于水的表面，所以学浮潜比学游泳容易很多。

图 1-7 浮潜

呼吸管的作用主要是帮助浮潜人员面部埋在水面下浮潜时也能够呼吸空气；面镜则是帮助潜水者观察水下景物，同时鼻子罩在面镜内也避免了在下潜的过程中因为水压造成的鼻子灌水的可能，还可以保护耳膜；脚蹼的推动力可以帮助人们更省力、更快地到达目的地，同时也可以保护人的脚不被海里的生物刺伤或剐伤。

②水肺潜水。水肺潜水，是指带着压缩空气瓶（非氧气瓶），利用水下呼吸装置潜入水下的活动（见图 1-8）。水肺潜水还有两种分类——休闲深潜、技术深潜。其中休闲深潜以休闲为目的，技术要求相对不是那么高，一般入潜深度不超过 40 米；技术深潜一般都是有一定目标或主题项目的潜水，属于高要求的潜水，适用于工业、商业或者军事领域，当然也不乏狂热的潜水爱好者会去尝试。

水肺潜水有严格的规定，最大的潜水深度是 40 米。另外，没有潜水证的人可以选择参加体验潜水，限制的极限潜水深度是 12 米，但此类潜水必须有专业教练陪同。而持有 OW（Open Water Diver）和 AOW（Advanced Open Water）潜水牌的潜水员只要有配对潜伴便可独立下潜，其中初级开放水域潜水员（OW）限制的极限潜水深度是 18 米，进阶开放水域潜水员（AOW）限制的极限潜水深度是 30 米。潜水员在潜水过程中需要维持在个人受训经验的限度内，参照潜水计划表进行潜水，同时在潜水日志上进行记录。在陌生水域进行潜水时，需要请当地的潜导带引。这里说到的 OW 和 AOW 是两种潜水员执照,可以通过专门提供潜水培训和认证的组织考取。从普及度和知名度最高的 PADI（职业潜水教练协会）来看,初级开放水域潜水员的培训只需要 3~4 天的时间,其中包括了 2 天的录像演示教学,2 个水池训练和 2 个开放水域潜水训练,过程中会有笔试部分考查浮力知识,同时也有水中的实际操作部分,如控制中性浮力、调节耳压平衡、处理潜水装备等。

图 1-8 水肺潜水

潜水运动作为一种大众健身休闲运动正逐渐风靡全球。更为重要的是,人们在潜入海里时可获得难得的经历,从而为人们打开另外一扇逃离喧嚣凡尘的梦幻之门。

（2）冲浪

冲浪是一项非常紧张刺激的水上运动（见图 1-9）。它是运动员站立在冲浪板上,或利用腹板、跪板、充气的橡皮垫、划艇、皮艇等驾驭海浪的一项水上运动。无论采用哪种器材,运动员都要有很高的技巧和平衡能力,同时要善于在风浪中长距离游泳。运动员脚踏冲浪板,出没在惊涛骇浪之中,即使是熟悉水性、有高超技巧的人,也难免发生危险。因此,随着冲浪运动的发展,冲浪救生活动也在不断发展。

图 1-9　冲浪

(五)冰雪休闲运动

在我国的东北、华北以及西北的广大地区,冬季大都会开展以冰雪运动为主的休闲体育运动,其中黑龙江、辽宁、吉林是开展冰雪运动的重点省份。我国的北方冬季平均气温在 −23℃ ~ −15℃,冰雪期大概有 4 个月,天然的滑雪滑冰场地资源,如江、河、湖以及水库等冰场遍布各处,十分适宜不同人群开展各式各样的冰雪体验。

1. 滑雪休闲运动

滑雪运动是指人们基本呈站立姿势,脚踏滑雪板(双只或单只)或手持滑雪杖(或不持滑雪杖)在雪面上滑行的运动形式(见图 1-10)。

历史上最早出现的有关滑雪的文字记载在公元前 7—10 世纪,我国唐代古籍记载在北方的邻国有一个驾乘木马的民族,同时在《山海经》中也有对滑行方面的记述。而最古老的滑雪运动传说则出现在古代挪威、芬兰国家的故事里,被誉为"冬神"和"滑雪女神"的渥鲁和安德瑞蒂斯,经常驾乘着前端弯曲的雪具往返于山坡之间。

现代的滑雪运动起源于斯堪的纳维亚国家。就滑雪运动的开展普及程度和运动水平而言,该地区都处于世界滑雪运动的领先地位。

图 1-10 滑雪运动

滑雪是比较复杂的运动,所以在进行滑雪运动之前要做好周全的准备,了解滑雪环境,包括滑雪类型、雪道格局、天气等。雪道格局主要是指雪道的坡度、高度和周边的状况。滑雪者需要根据自身的滑雪水平来选择相应的滑道,还要熟悉雪场的设施分布情况,以便遇到突发状况及时求救。同时还需要了解各种滑雪装备,包括滑雪板、安全绑带、滑雪鞋、滑雪手杖、太阳镜等装备的正确使用和佩戴。滑雪运动集健身、消遣、审美等功能于一身,从而走进了普通大众的休闲生活。对于有能力进行滑雪休闲运动的人来说,滑雪运动不仅仅是一种社会时尚,可以表达积极的生活态度,同时也可以满足健身和娱乐的双重目的。

滑雪的五个基本技巧与要领如下:第一步,步行。从穿上滑雪器开始需要学习的第一个动作就是步行,跟一般走路没有区别,只是穿上滑雪器后会略显笨重和不习惯,可以先来回走几圈慢慢适应。第二步,跌倒。以侧身着地最为安全,在跌倒前一般重心后移,身体向某侧倾斜,最大限度地减小受伤。第三步,方向变换。以滑雪器的前端或尾端为圆心,将欲转变方向内侧的滑雪器,向欲转换方向分开呈 V 字形,再将外侧滑雪器靠拢过来(本方向变换仅适于在平坦的雪面上进行,若是斜坡上则不适用)。第四步,登行。某些有条件的滑雪场会提供缆车,可以直接乘坐缆车上山。没有缆车的雪场可以选择脱掉滑雪器,扛着走上去。第五步,平地滑行。双脚平行站立,运用手腕的力量将雪杖往后推,从而使身体和滑雪器向前滑行,这个过程中比较重要的就是保持身体的重心平衡,防止后坐跌倒。

2. 滑冰休闲运动

滑冰是我国北方传统的体育运动项目,有着悠久的历史,最早出现在宋朝。《宋史·礼志》中就记载了滑冰运动:"幸后苑观花作冰嬉。"随着时代的发展,冰嬉运动到清朝的时候已经成为民间非常普遍的文体娱乐活动。人们利用冰刀在冰上滑行的冬季运动项目最早起源于10世纪的荷兰,大约在13世纪,此项运动在英国盛行开来,在19世纪末传入我国(见图1-11)。

图 1-11 滑冰

速度滑冰的几个关键技术如下:其一,直道滑行。直道滑行是速度滑冰最基础的技术,正确的滑行姿势是将上身放轻松并向前倾斜,腿部弯曲呈90°~110°角,两臂放松置于背后,当然滑行的姿势根据个人的特点和喜好会有所不同。直道滑行的关键点在于掌握恰当的蹬冰时间,当冰刀切入冰面获得支撑时就应开始用力蹬冰前行。其二,弯道滑行。其基本姿势与直道滑行大致相同,不同点在于向心力的作用。在弯道滑行过程中,身体始终保持向左倾斜,使用左脚外刃、右脚内刃蹬冰。其三,摆臂动作。在滑行过程中,适当的摆臂可以起到协调的作用。无论采用双摆臂还是单侧摆臂,都要用力,注意摆动方向与滑行方向要保持一致。

（六）静态益智休闲运动

1. 中国象棋

象棋源于中国，因而原称"中国象棋"（见图1-12）。在漫长的历史过程中，象棋不断发展，到唐代的时候已经发生了很大的变化。唐代的中国象棋和同时期的国际象棋有颇多相似之处。在这时，已有"将、马、车、卒"4个兵种，棋盘由黑白相间的64个方格组成。后来发展到宋代，行棋由在64个方格里变为在90个交叉点上。

图1-12 中国象棋

到了明代，可能为了下棋和记忆的方便，才将一方的"将"改为"帅"，成为我们今天所看到的中国象棋。

中国象棋在棋子、棋盘的设置上处处体现着中国历史的人文遗留，甚至可以说流传千年的象棋博弈是不同指挥者对楚汉争霸的一次又一次模拟。首先，象棋棋子的名目大多来自楚、汉两军，深受当时政治军事体制的影响；其次，棋盘上黑、红"河界"对阵，则是楚、汉两军隔鸿沟对垒的模拟。

中国象棋是人类智慧的体操，是高雅的艺术，同时又是世界上最古老的战争游戏。在这场头脑与心智的较量中体现了智、信、仁、勇、义。智：运筹于帷幄之中，决胜于千里之外。信：三军对垒，将帅坐镇中军，上下同生共死。士相环绕，士不离九宫，象不过河界，专心护主，忠信也。

仁：棋至残局，虽大子尽失，然士相全可和一车，小卒终局对面笑，不至于战至一兵一卒之惨烈。勇、义：士为知己者死，虽小卒亦知义。这是中国自古以来追求的道德境界。

中国象棋的经典古谱有《梦入神机》《百变象棋谱》《金鹏十八变》《适情雅趣》《橘中秘》《自出洞来无敌手》，除此之外还有《无双品梅花秘》《韬略元机》《吴绍龙象棋谱》《石杨遗局》《梅花泉》《崇本堂梅花秘谱》《心武残编》《百局象棋谱》《渊深海阔象棋谱》《竹香斋象戏谱》《烂柯神机》《蕉窗逸品》《蕉竹斋》《梅花变法谱》《吴氏梅花谱》《善庆堂重订梅花变》《反梅花谱》《象棋谱大全》《中国象棋谱大全》等。

中国象棋的历史源远流长，在中国民众的娱乐生活中扮演着异常重要的角色，下至垂髫小儿，上至耄耋老人都能参与其中。这与其自身随历史大势发展演变有关，更离不开它自身的魅力。它集体育、艺术和智慧于一体，当中有引人入胜的对局，有构思精巧的安排，有狂热的意志和冷酷的计算。中国象棋对人思维能力的要求使它成为一种智者的游戏。

中国象棋发展到现在，已经成为我国普及率最高的棋类运动。中国象棋已流传到几十个国家和地区，在日本、菲律宾等国家成立了象棋协会，在亚洲成立了亚洲象棋联合会，每年还要举行亚洲象棋赛(一年团体赛，一年个人赛)；成立了世界象棋联合会，两年举行一次世界象棋比赛。

2. 桥牌

桥牌起源于英国，由惠斯特牌游戏发展而来。出版于1886年的《比里奇或俄国惠斯特》最早以文字形式提到"桥牌"这一名词。现代桥牌的另一源头是法国的"登高牌戏"。到1925年，范德比尔特提出了一种完善的新式桥牌，他以登高桥牌为主，增加了局况因素，并制定了一套合理的计分方式，获得了巨大成功，成为现在广为流传的"定约桥牌"。1958年，世界桥牌联合会成立，由美国、欧洲、南美洲的代表发起，总部设在瑞士，目前有128个国家和地区加入，会员近百万人。

1980年，中国成立了中国桥牌协会，使这一休闲活动得以迅速发展。中国桥牌协会实行会员制及技术等级标准，从此中国桥牌赛事日趋规范，逐渐走向世界。中国桥牌手在世界比赛中的成绩也不断提高，曾获得世界公开赛双人项目冠军、世界大学生赛冠军。2007年，桥牌比赛被正式列入中国大学生运动会比赛项目。而今，各地纷纷举办的桥牌赛事，为持续推广桥牌运动奠定了基础。

最早的桥牌叫惠斯特，其基本打法为东家、西家组成搭档对抗南家和北家，使用四门花色共52张牌，每门花色的大小顺序是A、K、Q、J、10、9、8、7、6、5、4、3、2，其中A最大，2最小。北家为第一场的发牌人，以后按顺时针轮换。最后一张牌的牌面向上，规定与之同花色的牌为将牌花色，其他为副牌花色。进攻是由发牌人左边的牌手先出牌，即首攻。首攻之后，发牌人的搭档不参与打牌，只是将自己的牌面摊开，接受发牌人的指令出牌。这一局的胜者是下一局的发牌人（见图1-13）。

图1-13 桥牌

定约桥牌也就是现代桥牌，采取的是不同于惠斯特的复式比赛方式，持牌的好坏不起决定性作用，只是发挥叫牌和打牌技术的客观条件，而智慧和技术才是决定胜负的关键。这对桥牌成为正式的体育竞技项目起了决定性的作用。定约桥牌的复式竞赛方法如下：同样的牌，在不同的赛桌上由不同的选手采取同样的比赛程序进行对抗，计算胜负时，只计算不同赛桌上同方向搭档之间在这副牌上所获得的分数差值。

桥牌作为一种益智类的体育项目，素有"大脑健美操"之称，它不仅使参与者的身心得到锻炼，还可以培养参与者的团队精神和集体意识，这与当今时代的要求相符。所以，桥牌能吸引众多的爱好者，可以使不同年龄、不同水平、不同层次的人都从中得到乐趣。

第三节　休闲体育的多元理论阐述

一、体育产业结构理论

是否拥有一个完善的结构将对体育产业的发展产生至关重要的影响。体育产业系统由相互独立的多个部门组成,各部门之间既各司其职,又紧密合作。

(一)体育产业结构的特征

1. 整体性特征

体育产业是一个大的系统,系统内包括各种各样的要素,系统主要由这些要素构成,否则就难以形成系统,因此系统结构和系统要素之间的关系非常密切,体育产业系统的健康发展建立在系统内各要素的健康发展之上。为便于理解,我们可以把系统结构看成一个各种要素的集合体。系统的结构就是这些要素的总和。系统内各要素的发展要遵循一定的客观规律,系统整体与各要素之间相互依存,共同发展。

2. 自发性特征

任何一个事物都是处于不断的变化和发展之中的,体育产业也不例外。这主要体现在产业结构本身、内部各要素以及外部环境等诸多方面。在体育产业发展的过程中,产业系统内的每一个子系统也在进行着不断的调整,好像有只"无形的手"操纵着这些子系统。为什么会出现这种情况呢？这是因为,体育产业系统的各个子系统之间不仅存在合作关系,还存在竞争关系,它们在合作与竞争中共同发展。

3. 转换性特征

转换性也是体育产业结构的一个重要特征。一般来说,体育产业结构问题主要指的是体育产业的资源配置问题。为了让体育产业结构按照预期或超预期顺利优化与升级,要根据生产规模、生产实际与需要,按需优化配置各要素,使各要素充分发挥作用,共同完成预期目标,促进体育产业水平的进一步提升。

4. 层次性特征

任何系统都包含诸多的子系统,子系统之间有着密切的联系从而促使整体系统获得发展。体育产业也是如此。体育产业结构的各个层次之间有着密切的联系。详细了解体育产业结构的每个层次的具体内容和各个层次之间的联系与区别,对制订体育产业发展的科学方案十分重要。

(二)促进产业结构调整和升级

1. 获得更多政策支持

体育产业在产业结构中属于第三产业的范畴,也就是国家在产业结构调整和升级中会大力支持发展的产业之一。为了促进体育产业的发展,国家势必会出台大量的相关政策,比如税收减免政策、投资融资优惠政策、用地优惠政策等,为体育产业的发展创造有利的社会经济环境。而体育人才的培养是体育产业的一部分,体育人才的培养依赖于体育产业的发展,体育产业得到快速发展的同时,我国的体育人才培养也会拥有更多具有优势的条件。

2. 获得更多社会投资

国家促进经济结构的调整和升级,也就意味着像体育产业这样的第三产业将会在未来迎来发展的红利期。而社会资本具有逐利的特点,体育产业的良好发展前景势必会吸引众多的社会资本进入体育行业。体育人才的培养是需要大量的资金支持的,社会资本进入体育产业能够为体育产业的发展和体育人才的培养提供充足的资金支持,为体育人才的培养创造良好的经济环境。

3. 产业结构调整和升级的方向

(1)坚持市场调节和政府引导相结合,充分发挥市场资源配置的决定性作用,加强国家产业政策合理引导,优化资源在产业之间的配置。

（2）充分重视自主创新在产业结构调整和升级过程中的作用，将增强自主创新能力这一目标贯穿产业结构调整和升级的始终，形成以企业为主体、以市场为导向，产学研相结合的技术创新体系，全面提高技术在产业发展中的地位和作用。

同时，我国产业发展的质量也会随着科技水平发展和运用的深入不断提升。对于体育人才的培养来说，产业结构的调整和升级是一个良好的机遇，作为第三产业的体育产业将会迎来越来越好的发展环境和越来越多的发展机会。

二、体育产业组织理论

产业组织理论是一门用微观经济学和计量经济学来分析产业组织和企业行为、面向现实和具有政策倾向性的学科。历史上，超大型托拉斯的形成与寡头垄断化所导致的弊端，让人们认识到了政府介入市场的必要性，这也成为产业组织理论产生的基础。进一步说，产业组织理论的发展对公共管制和竞争政策也产生了影响。

（一）产业组织理论概述

有人常常会提出如下问题：在现实产业中，有多少是符合完全竞争假说的？现实中的多数大企业有没有价格决定权？现实中企业行为的目的就是利润最大化吗？现实经济中政府的作用非常重要吗？等等。

在初级微观经济学中，首先常假定市场是完全竞争市场，在此基础上说明消费者和生产者的行为。然后，进一步阐述市场资源的有效配置等问题。有关完全竞争市场的问题，在这里，我们暂不对其定义做具体描述。基本上，与市场整体的大小相比，因个别卖方和买方的购物数量不大，不会对交易中的商品和服务的价格产生影响。所以，我们希望读者把买卖双方作为市场价格的接受者来对待。越是对现实的产业组织理论与企业行为、政府的作用等关心的人，就越能感受到完全竞争市场假说以及由此得出的效率性结论。

与完全市场假说相近的行业只有股票市场、一部分农产品市场和一部分服务行业。对于制造业（啤酒、钢铁等）、信息通信业、航空业等多数产业而言，因企业数量较少，从而形成了寡占市场；对于电力、煤气、自来水等公益行业,有些行业形成了区域垄断状态。因此,经济学最初提出的完全竞争市场假说,就是因为其最容易进行分析。通常的顺序是,以完全竞争市场作为出发点,从阐述寡头垄断市场、垄断性竞争市场和寡占市场等不完全竞争市场,逐渐朝较为现实的方向做高度化的分析。如果是完全竞争市场,会实现资源的有效配置,但多数的实际市场不是完全竞争市场,而是不完全竞争市场,所以不一定会实现资源的有效配置。因此,政府的作用就显得非常重要了。

所谓产业组织,是阿尔弗雷德·马歇尔提出的概念,包括企业的内部组织(是否进行纵向统合、是否进行分割、是否采用了事业部制度等),一个产业内部的企业和企业之间的关系(是竞争性的,抑或寡头性的,还是垄断性的),还包括产业之间的关系以及企业和国家之间的关系等。在分析产业组织和企业行为时,某个产业、企业的经济行为是否有效率,或者说某一产业、企业要实现效率化,对什么样的行为进行分析成了产业组织理论的重要目的之一。

产业组织理论的特征之一就是现实性。此外,理论上的结论与现实是否相符,要用计量经济学来进行实证分析。通过理论分析与实证分析的结合,阐述现实的产业组织和企业行为也是产业组织理论的课题之一。

在现实的市场中,以寡头垄断、寡占、垄断性竞争等不完全竞争市场居多。因此,产业组织理论的分析以不完全市场中的产业组织及企业行为,特别是企业的策略行为作为分析的核心。1980年,M.E.波特(M.E.Porter)通过对产业组织理论的研究,出版了《竞争策略》一书,彻底改变了经营的策略论。产业组织理论中的企业行为分析具有改变经营学的强大的现实稳妥性和影响力。

产业组织理论的另一个特征就是政策性。在经济政策中,产业组织理论无论在理论上,还是在实证上都为公共管制、竞争政策提供了经济学的依据。在当今社会,政府在以各种形式介入民间的经济活动。例如,政府经营特种行业、政府限制其他企业进入特种行业、政府规范特种行业的收费等。针对此类公营企业的存在以及进入规制、成本管制等公共管制,政府应该进行什么样的干预,从经济学的效率性来分析也是产业组织理论的重要课题之一。回顾历史我们知道,产业组织理论为公营企业的私有化及管制松绑提供了理论依据。20世纪70年代后期,对于美国和英国以及欧盟、日本的大范围私有化、管制松绑的实现等,产业组织理论都做出了重要贡献。

此外,政府为了实现市场竞争的效率性,也常常介入私营企业的活动。在政府实施的多种公共政策中,维持市场竞争所进行的各种尝试统称为竞争政策。

属于竞争政策的有:对私人垄断加以一定的限制;制定取缔卡特尔行为的卡特尔管制;在审查大型企业之间合并所带来的影响的基础上,制定企业合并规制从而决定是否准许合并;对非公平交易手段及误导性标识进行取缔等。竞争政策所依据的就是竞争法。美国的《反托拉斯法》、日本的《独占禁止法》都属于竞争法。此外,根据竞争法,执行竞争政策的政府部门称为竞争当局,美国称为联邦司法部和联邦贸易委员会,日本称为公平交易委员会。

(二)体育产业组织原则

体育产业组织原则主要遵循了古典管理理论。在现代经营的组织形态中,到处可以看到人类古老组织原则的基本原理和管理思想的痕迹。古巴比伦的庞大城墙、墨西哥印第安人阿兹台克族的大寺庙、古埃及的金字塔,都取得了非凡的组织伟绩。

古典管理理论的主要原则如下。

①阶层等级原则。"金字塔"形的组织结构中,从最高层领导到最底层人员,不但分工明确、职责清楚,而且有着各种明确的规定,并以此作为命令连锁对组织系统的一贯性加以保证。

②同一命令原则。组织中的人员,只接受一个上司的命令。也就是说,组织中的命令只由一个上司来宣布或传达。

③范围控制原则。一般将每个管理者的管理人员控制在3~6人。但主要根据上级能力、部下能力、工作性质、管理方式等具体情况来确定。

④专门化的原则。组织的各种活动,一般通过专门化来提高效率。对于分化的工作则可以通过集中来达到专门化。专门化的标准包括活动目的、运用手段、服务对象(顾客)、活动场所等方面的内容。

⑤权力委托原则。对于重复出现问题的处理或模式化手段处理的问题,尽可能委托部下来完成。上司应将主要精力放在重大问题和固定问题的决策、处理等方面。

在古埃及建造金字塔时,就采用了"一个工头监督12个奴隶的'金字塔'形管理模式"。单纯从管理学的角度来说,它反映出的精心"组织成就"都堪与现代工业文明的成就媲美。即使现在的体育产业经营组织研究,仍然是以这些组织原则和管理思想为基础的。

(三)体育市场结构

1. 垄断竞争型市场结构

垄断竞争型的市场结构是一种竞争性非常充分的市场结构。垄断竞争型市场结构中包括各种类型的商业俱乐部和会员制的社区体育组织,其企业主体是大量规模较小的企业。

2. 完全垄断型市场结构

传统的竞争理论认为,在完全竞争的市场上,低效率的企业由于在竞争中处于劣势会被淘汰,企业为了生存必须采用最先进的技术,而且采用先进技术也不能支配价格。因为只要存在超额利润,采用最先进技术的新企业就会进入高利润产业,使得超额利润消失,产业内所有的企业都是效率最佳的企业,从而实现了经济的整体均衡和资源的有效分配。新奥地利学派的哈耶克认为,每个企业的成本水平取决于企业家的经验和特殊知识,即使企业的规模相同,只要有的企业比其他的企业节约资源投入,其平均成本就会较低,这是垄断先进技术或管理的利益。哈耶克还认为,最佳规模的不断变化与科学技术和经济条件的变化相关,当大企业也面临着其他大企业进入的压力时,规模就成为对抗规模的手段。

哈佛学派认为,广告费用的规模经济以及广告对扩大产品差别所起的作用,使其成为促进集中和垄断市场的重要因素。新奥地利学派认为,如果从资源投入与产品增值比的角度分析,广告信息成本的支出是必要的,没有证据表明广告费用的支出是一种浪费。政府必须管理的是社会公共资源,国家应当拥有那些非营利的服务部门,分离生产与供给,对生产进行管理,把供给交给市场机制。政府在直接管理的市场上不能拥有特权,一定要接受潜在竞争者的挑战,应当允许其他企业在政府不能提供服务的领域进行生产和销售。

3.寡头垄断型市场结构

如今,体育广告业、体育娱乐业、体育建筑业等几个行业都具有一定的寡头垄断特征。在体育产业体系中,竞技体育具有非常明显的寡头垄断特征。它建立和形成了一个非常强大的垄断组织,同时竞技体育的寡头垄断市场具有很高程度的进入和退出壁垒。

三、产业政策体系

为促进我国体育产业市场的完善与规范化发展,国家要制定相关的政策或文件引导人们进行合理的和正确的体育消费,保证体育产业市场的正常运转。

(一)产业生命周期理论

国内外一些研究资料显示,产业政策的范畴包括从研发到催生产品、企业在市场上竞争到最终退出市场整个生命周期。它有四个窗口,第一个是技术机会窗口,第二个是市场机会窗口,第三个是环境机会窗口,第四个是政策机会窗口。根据这四个窗口,形成了三个失灵、一个市场拥挤效应。第一个是产业化机制失灵:有技术无市场,不能形成产业化。第二个是技术市场失灵:有市场无技术。第三个是环境供给失灵:环境问题形成的供给悲剧。市场拥挤效应,是指政府通过产业政策制定,形成一种信号鼓励,通过信号给企业一种明确的指向,可能导致企业一拥而起,从而出现产能过剩,形成市场拥挤效应。

政府要针对这三个失灵和一个拥挤效应制定相应的产业政策,要抓住产业政策的着力点,发挥产业政策的有效性和针对性。

(二)体育产业组织政策

体育产业组织政策具有优化资源配置、实现规模经济(鼓励各区域体育企业加强沟通与交流,形成规模经济,实现共同发展)、促进技术进步(体育产业组织政策的目标要以技术进步为目标)的作用。

1.反垄断政策

一般而言,竞争性的市场并不能防止大企业通过勾结或排他性策略来强化其垄断势力甚至获得很强的垄断地位,因此,政府通过反垄断政策这只"看得见的手"来限制垄断组织这只"看不见的手",是最早也是最重要的产业组织政策,是政府对垄断性的市场结构、行为和效果的一种法律制约和政策限制。

在市场经济条件下,企业采取正当途径提高市场竞争力,实现规模经济并获得较高的市场集中度和利润率是合理合法的,但是垄断形成以后,垄断者就有可能采取定价行为、价格协调行为、恶意兼并行为,排挤其他弱小企业,通过操纵市场来牟取高额利润。垄断者的这种排斥和限制竞争行为会直接或间接损害其他企业和经济组织的利益以及消费者的利益,因此垄断存在,势必会影响公平竞争的市场环境,妨碍资源的合理配置,加大社会财富和收入分配的不公,进而影响整个经济社会的健康发展。

一般来说,垄断具有危害性,但也存在例外的情况。有些行业的某些垄断行为具有有利于资源的有效配置、促进市场稳定、提高产业竞争力的作用,尤其是关系到国家利益和社会公共利益的产业。诸如,具有自然垄断性的公共事业,通信、电力、自来水业等,对于这些行业,世界上很多国家都采取"例外原则",实现反垄断豁免。但是,反垄断豁免并不是放任自流,而是通过政府管制形式直接调控企业的行为,确保其合法经营。反垄断政策的主要表现形式是反垄断法,由于国情不同,许多国家针对具有社会危害性的非法垄断制定了不同的反垄断法。例如,美国在1890年制定了《谢尔曼法》,在1914年制定了《克莱顿法》与《联邦贸易委员会法》,日本针对垄断问题制定了《禁止垄断法》,欧洲共同体在《欧洲经济共同体条约》中也有明确的禁止垄断的条文,我国也制定了《中华人民共和国反垄断法》。反垄断政策主要包括禁止限制竞争协议、禁止滥用市场支配势力和控制企业兼并三部分内容。这三部分内容被称为反垄断法的三根支柱或三块基石。

从现实发生的垄断行为看,限制竞争协议的实际发生数量和执法机关查处的数量都远远高于其他垄断行为的数量。因此,禁止限制竞争协议是反垄断政策的核心内容。

从反垄断政策实践看,某些限制竞争协议,在一些方面限制了竞争,但在另一些方面又具有促进竞争的作用。例如,企业间在同类产品规格、型号方面达成的限制竞争协议,虽然限制了企业在产品的规格、型号方面的竞争,但是有利于企业在产品质量、售后服务等方面开展竞争。

　　认定相关企业是否具有市场支配地位有两种立法模式：一是以德国、日本为代表，在法律中明确规定市场支配地位的判定标准。例如，日本的《禁止垄断法》第二条规定的市场支配地位须具备三个条件：一是企业的市场占有率过高，一个企业每年在相关市场的销售份额超过1/2，或者两个企业的市场份额之和超过3/4；二是对其他企业造成市场进入障碍；三是企业提供的产品在较长时间内价格明显上涨或居高不下，取得显然超过正常利润率的利益或者支出了显然过大的销售费用或一般管理费用。

　　2.中小企业政策

　　一国政府在制定中小企业政策时，应采取哪一种政策导向，不仅要根据国家的经济发展状况，更要依据不同产业的特征而定。例如，对规模经济较小的产业，一般应以增强市场竞争活力为政策导向，保护中小企业积极开展市场竞争，提高经济效率；而对规模经济较显著的产业，则应以追求规模经济为政策导向，鼓励中小企业同大企业形成专业化分工协作关系，以实现规模经济。

第二章

休闲体育产业的内涵及相关理论概述

  体育,在我国经常与运动一起使用,因而它不但有着无限广阔的外延,而且有着非常丰富的内涵。人们习惯于在体育前面加上一个相关定语,即代替了全部含义。例如,职业体育、健康体育、学校体育、农村体育、职工体育、竞技体育、成人体育、少儿体育等。随着时代的发展,体育与运动的概念开始有了明确的区分,过去各国专家学者从各自不同的研究角度提出的种种不同观点,现在正逐步趋于统一。日趋增多的国际体育(运动)学术交流,特别是我国"体育"与外来语"sports"(体育运动)在使用上的联系和区别,也已经引起了国内许多专家学者的高度重视。

  但是,无论体育还是运动,概念都不是一成不变的,它随着社会发展和新体育项目的不断产生,以及传统体育项目的发扬光大,不断地增加、充实新的内容,从而不断地焕发新的生命力。休闲体育不仅赢得了人们的喜爱,而且走向了产业化的发展方向。因此,现在进行休闲体育产业及其相关问题的研究更具挑战性[1]。

---

[1] 李明.体育产业学导论[M].北京:北京体育大学出版社,2001.

第一节　休闲体育产业的概念与内涵

体育产业兴起于 20 世纪 40 年代的西方市场经济国家,近些年呈现快速化、国际化的发展趋势,并已成为一些国家的支柱产业。

一、体育产业的含义

产业在《现代汉语词典》中的解释有两个:一是工地、房屋、工厂等资产,二是指用于定语时的"关于工业生产的"。本书对产业的理解包括以下几方面。

(1)产业属于中观经济的范畴。产业既不属于微观经济的范畴,也不属于宏观经济的范畴,而是介于二者之间的中观经济范畴。

(2)产业是具有共同属性的企业的集合。产业既是一个常用概念,又是一个因内涵太过广泛而边界模糊的概念。"产业"一词与"工业""行业""部门"等词汇含义相似。因此,我们可以这样对产业进行理解:包含工业在内的,泛指国民经济的各行各业,大至门类、部门,小到行业,从生产到流通、服务,乃至文化、艺术、科技、教育等,无所不包。无论是从逻辑学的角度、供给的角度,还是从需求的角度,都会发现产业内的企业有着共同属性。这里所指的共同属性,是服从于企业市场关系的共同属性。简而言之,产业是具有某种同类属性的企业经济活动的集合。

(3)产业伴随分工的发展而发展。产业是国民经济中按照一定的社会分工原则,随着社会生产力和社会分工不断发展的产物。三次工业革命的出现,使得各个产业内部的分工细化,大量新的产业部门涌现出来。现如今的产业包含生产领域、流通领域和服务领域的活动。

本书认为,对产业结构进行划分主要采用"三次产业分类法"。

第一产业指产品直接从自然界获得的部门,如种植业、渔业、林业等。

第二产业指对初级产品进行二次加工的部门,如制造业、电力、煤气、水的生产和供应业。

第三产业是指为生产和消费提供各种服务的部门,主要分为:①流通部门,如交通运输业、邮电通信业等;②生产和生活服务部门,如金融业、保险业等;③服务部门,如教育、卫生、体育等;④社会公共需要服务的部门,如国家机关、军队等。

按照"三次产业分类法"来定义体育产业,可分为体育服务业、体育竞赛表演业、体育旅游业等,与体育有关的生产领域则不能归属其中,这便是一种狭义的体育产业。联合国统计委员会将体育产业定义为"组织和举办各种室内外专业和业余体育活动,对该活动提供服务的总体集合,包括体育周边产生的相应部分";加拿大官方统计局则将其定义为"所有相关的体育和体育娱乐活动、相关的服务活动以及体育产品的制造、销售活动";澳大利亚国家统计局将其定义为"体育和体育娱乐活动及其与此相关的活动的集合"。按照这些体育产业的概念,凡是在体育带动下而产生或增加的国民经济领域,都能划分到体育产业的内容里。[①]

二、体育产业的研究领域

体育产业研究是介于宏观与微观之间的准中观研究。范围大的"产业"是介于宏观与中观之间的国民经济产业部门,如第一产业、第二产业和第三产业等;范围小的"产业"是介于中观与微观之间的具体产业部门。

体育产业的研究领域包括如下几个方面。

(一)体育产业结构

体育产业结构指体育产业部门间的联系与联系方式。体育产业系统由相互独立的多个部门组成,各部门之间既各司其职,又紧密合作。

目前的产业部门已从物质生产部门扩展到非物质生产部门、知识生产部门。现实经济中的产业部门也远非像两大部类间的关系那样简单明了,产业结构中包括了多种产业部门之间相互提供中间产品和服务的错综复杂的联系,建立在这一划分基础上的产业分析很难真正地反映产

---

① 马道强.京津冀协同发展背景下高校体育资源与体育产业融合的联动发展[M].上海:同济大学出版社,2018.

业结构升级和转换的内容。

（二）体育产业组织

体育产业组织，指体育产业内体育产品生产企业间的市场关系和组织形态，一般指的是体育产业内体育产品生产企业间的市场关系。它是指同类企业间的垄断、竞争结构以及同类企业相互联结的组织形态。

（三）体育产业政策

体育产业政策，是由政府制定的、干预体育产业的政策总和。

体育产业政策的特点有：第一，政府从供给方面着眼的纵观长期调节的政策。第二，政府针对体育市场存在的不足提出的一系列补充方案，主要是借助市场机制这一工具来间接指导体育企业的行为。体育政策的制定离不开经营者团体、体育企业和专家学者等群体的意见，因此，为了制定出更加合理的政策，应逐步建立制度化的咨询程序。另外，政府所制定的体育产业政策是指导性政策，体育企业享有充分的决策自主权。第三，是政府依据对体育产业结构演变规律的深刻认识而制定的，是着眼于未来的结构平衡，具有一定的超前性。

三、体育产业的分类

（一）国内对体育产业的分类

国家统计局对体育产业进行了较为详细的划分，同之前的体育产业的具体分类相比，其分类方式表现出如下特征。

（1）涵盖的范围更广，内容更加全面，与我国体育产业的发展状况相匹配。

（2）文字表述得更准确，架构体系更规范，对每种产业的表述留有一定的弹性，便于应对未来可能出现的改变。

（3）分类更加合理，其中包含了更多创新性的项目，例如，引入"互联网＋体育服务"这一概念，使其能够紧跟时代发展。

（4）更加重视体育产业同其他产业的融合，体现出体育产业具有促进国民经济发展的重要作用。

（二）国外对体育产业的分类

国外对体育产业的分类主要有皮兹模式（见图 2-1）、米克模式（见图 2-2）和苏珊模式（见图 2-3）。其中，体育生产指体育用品制造业等，体育支持指各种体育机构、体育协会等。

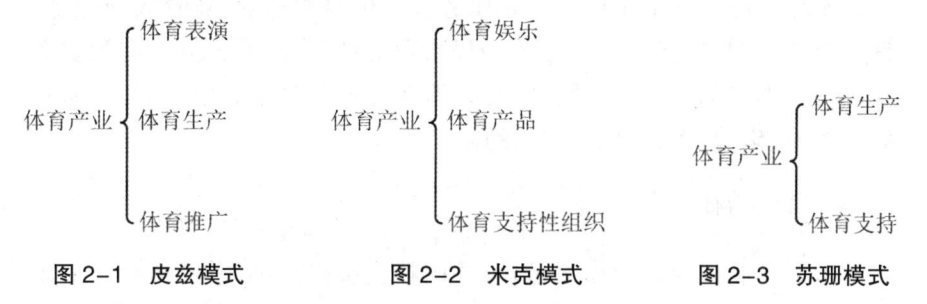

体育产业 { 体育表演；体育生产；体育推广

体育产业 { 体育娱乐；体育产品；体育支持性组织

体育产业 { 体育生产；体育支持

图 2-1　皮兹模式　　　　图 2-2　米克模式　　　　图 2-3　苏珊模式

依据上面的分类标准，本书将体育产业分为三大类（见图 2-4）。

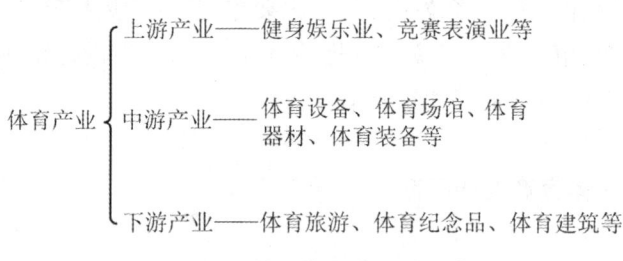

体育产业 { 上游产业——健身娱乐业、竞赛表演业等；中游产业——体育设备、体育场馆、体育器材、体育装备等；下游产业——体育旅游、体育纪念品、体育建筑等

图 2-4　体育产业内容的分类

按照这种方式依据对体育产业进行分类，其结果更加简单、直接，便于人们更加深入地掌握体育产业的内涵，从而有效地促进体育产业的发展。

四、体育产业的特征

体育产业主要有如下几点特征。

（一）体育性

与其他产业相比，体育产业最大的不同体现在它所提供的产品上，这种产品具有"体育"的多种要素。例如，体育比赛与电影虽然都能满足人们精神文化方面的需求，但二者的载体是不同的；普通鞋子与运动鞋虽然都能满足人们保暖、美观的需求，但普通鞋子无法满足人们从事激烈运动的需求,而运动鞋则可以。总之一句话,体育产业所提供的产品,都是与体育密切相关的。

（二）服务性

体育产业的一个主要特征是服务性。健身娱乐业、竞赛表演业、体育旅游业等,是以提供体育服务为经营业务的行业,它们并不向消费者提供实务形式的产品,而是向其提供服务性质的产品,从而满足消费者的精神、文化、视觉、锻炼等方面的需求。

（三）经济性

体育产业按照产业模式运作,并向社会提供产品,其与体育事业既有区别又有联系,无论是从内涵还是外延上都有交叉。按照市场经济学理论,确定一个行业是否为产业,首先要看是否有投入产出,其次是其产品能否进入市场进行交换。因此,体育产业所进行的是市场环境下体育服务、体育产品的生产和经营活动。

五、休闲体育产业的概念

休闲体育产业,是在休闲体育基础上发展起来的。作为产业,它的发源地是以美、日等为代表的经济发达的国家。我国的休闲体育还处在起步阶段,虽然已经引进了一些休闲体育项目,但要发展为休闲体育产业还需进行更多的实践。基于人们在休闲体育概念上的不同认识,形成了不同的休闲体育经营观点、经营模式、经营理论。

休闲体育产业是休闲产业中的重要组成部分,主要包括以下产业（见图2-5）。

休闲体育产业是由休闲产业与体育产业两者相融合形成的产业（见图2-6）。我们可以看出,休闲体育产业既属于体育产业,也属于休闲产业,同时具有这两种产业的性质。

图 2-5　休闲体育产业体系

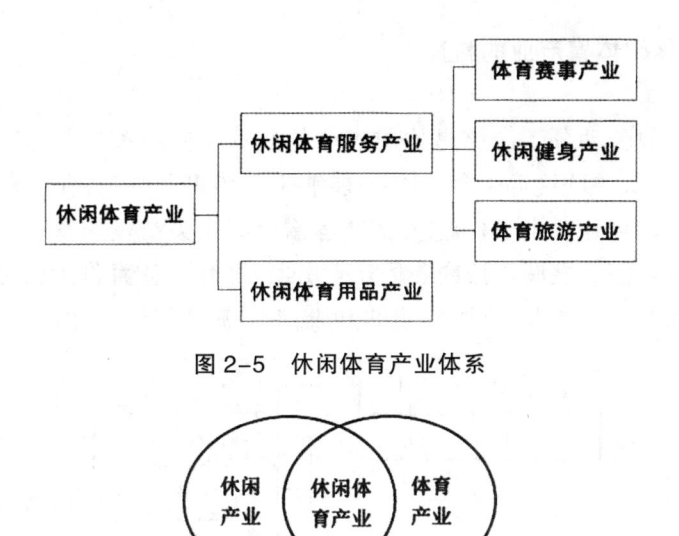

图 2-6　休闲产业、体育产业、休闲体育产业的关系

体育产业与休闲体育产业两者的目的有所不同，体育产业的目的是满足人们各种各样的体育需求，具体包括体育健身娱乐、体育竞赛表演、体育用品、体育康复、休闲体育等。休闲体育产业的目的是满足人们的休闲体育需求。休闲体育的一大特征是参与者是自愿的、非功利的，并且感到身心愉悦，而体育产业中的体育康复并不能让参与者感到身心愉悦，因此，体育康复并不属于休闲体育，进行体育康复的组织也不属于休闲体育产业。体育产业中的体育服务业主要包括生产性体育服务业和消费性体育服务业，前者具有中间投入性，也不属于休闲体育产业。

体育产业与休闲体育产业两者采用的手段一样，都为体育运动。对于体育产业而言，是通过体育运动这一手段，来满足人们的体育需求；对于休闲体育产业而言，是通过体育运动这一手段，来满足人们的休闲体育需求。

通过上述分析，能够更加清晰地认识体育产业和休闲体育产业两者的关系，即以满足人们体育需求为目的的组织集合是体育产业，以满足人们休闲体育需求为目的的组织集合是休闲体育产业（见图 2-7）。

六、休闲体育产业的特征

社会的劳动分工应该是构成产业的最本质性的条件。休闲体育产业覆盖面广，关联度高，影响力大，能够带动传媒业、广告业、旅游业、娱乐业以及体育用品业、建筑业、交通运输业等相关产业的发展乃至带动一个国家经济的发展。按照我国产业分类法，休闲体育作为服务于人们休闲活动的一项产业，是服务业的升级，应该属于第三产业的范畴。

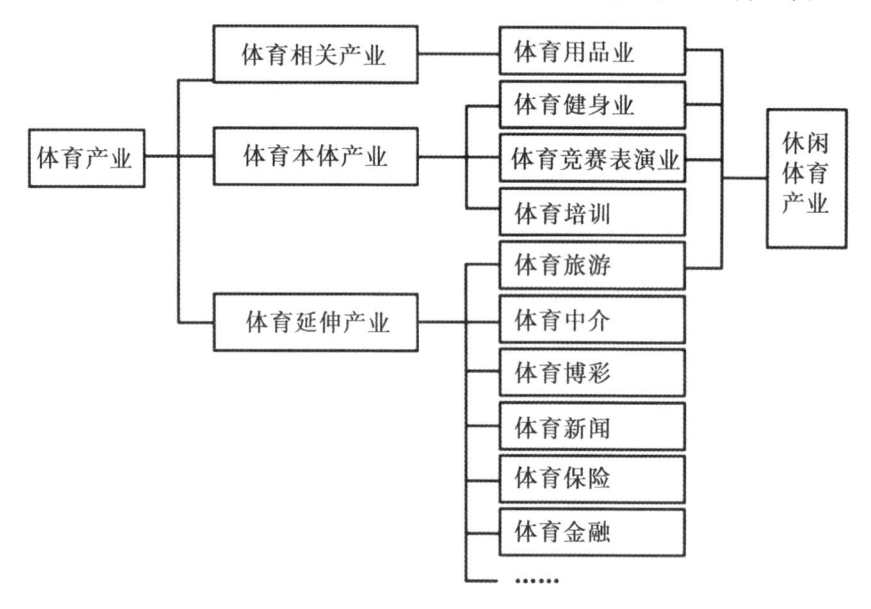

图2-7 体育产业与休闲体育产业的关系

（一）休闲需求特征

1. 时间性特征

（1）一般情况下，人们是在学习和工作之余，也就是周六日、节假日等闲暇时间才进行各类休闲活动，在此类休闲时间进行体育消费活动称为"假日经济"现象。"假日经济"这一现象对国民经济的增长有一定的促进作用，同时也推动了人们消费观念的转变，使得人们的消费方式更加多元化和个性化。

（2）由于受到了我国传统观念和社会经济发展的双重影响，目前我国的休闲方式和休闲需求都较为单一，在节假日期间，人们多选择旅游活动。

2. 个性化特征

个性化特征主要表现在以下两方面。

（1）休闲消费可以满足人们不同的消费欲望和需求，由于个体因素的差异，人们也具有不同的休闲需求和欲望，从而反映出明显的个体性和异质性特征。

（2）当今社会，人们的个性得到了较大的释放，因此，体育企业要想在市场上占据主动权，就要开发出富有个性化的体育产品。

3. 层次性特征

对于人们来说，休闲需求是非常必要的。在经济水平较低的年代，人们的休闲需求并不强烈，随着人们经济水平不断提高，生活水平也随之提高，人们的休闲需求更加强烈。

为了保证休闲体育产业能够积极健康地发展，相关体育企业应准确掌握消费者的消费行为和特征，尽可能地满足人们的休闲需求。

（二）消费者特征

1. 年龄

不同年龄阶段的人选择的休闲体育项目也有所不同，由此便形成了不同的消费特征。

（1）不同年龄阶段的消费者，他们的休闲喜好有所不同。通常，年轻人比较好动，运动强度较大、惊险刺激的项目比较受他们欢迎，如球类运动、滑雪、蹦极等；而中老年人的身体素质相对来说较差，他们更愿意参加运动强度较小的项目，如太极拳、健美操等。

（2）同一个消费者在不同的年龄阶段会形成不同的消费倾向。消费者参与休闲体育消费的过程主要包括少年、壮年和老年这三个阶段。通常情况下，消费者在壮年阶段的经济收入较为可观，可以把一小部分收入用于休闲体育消费。

2. 性别

通常情况下，男性在力量和体力方面的素质都要强于女性，因此，男性更愿意选择参加较为刺激的休闲体育项目。

3. 文化程度

通常情况下,文化程度较低的人,不能较为清晰地认识休闲体育的产业规范,应配备专业的管理人员对其进行相应的指导。

4. 职业

一般情况下,一个人的职业在一定程度上决定了其收入水平、工作量的大小以及闲暇时间等。

5. 健康状况

各类休闲体育项目都有一定的运动强度,会消耗人体的体能。因此,身体素质不同的消费者应根据自身的身体素质来选择休闲体育项目。

(三)产品经济特征

1. 生产与消费的同一性

通常情况下,休闲体育产品的生产和消费两个环节在时间和空间上具有同一性,基于此才可以发挥出体育商品的经济价值。

2. 生产要素的供给弹性的特殊性

同其他产品的生产要素一样,休闲体育产品生产要素具有供给弹性。

(1)劳动力的供给弹性系数小于1。在休闲体育中,健身教练和各类运动项目的指导者都充当了劳动力的角色。通常情况下,担任劳动力角色的人员应熟练地掌握运动技能。劳动力具备的素质越好,那么其价格也就越高。

(2)休闲娱乐场馆场所的供给弹性系数小于1。健身房和运动馆是当下人们进行休闲娱乐的重要场馆,此类要素需要的生产周期长,技术含量较高,进行生产和供给的调整时都有一定的难度,因此,供给弹性系数小于1。因而,要对此类场馆设施进行统筹规划。

(3)一般运动器材的供给弹性系数大于1。运动服饰、健身器材等是人们参加休闲体育运动时必备的运动器材。若要对此类要素进行价格调整,进行调整生产的难度较低,它的产量调整量应超过价格变动的速度,因此,一般运动器材的供给弹性系数大于1。

3. 生产要素的替代弹性较大

通常认为,在目前的休闲体育产业中,大部分产品都能找到替代品,并且可替代弹性较大,因此,当某种产品或服务的价格有变动时,若不能依据实际情况加以调整,则会被其他产品替代。

七、休闲体育产业的功能

休闲体育产业是一项新兴产业、朝阳产业,主要在健身、文化、经济等方面发挥了作用。

（一）健身功能

发展到今天,休闲体育运动项目的种类越来越多,人们可选择的休闲体育运动项目也越来越多样化。有关调查表明,经常参加休闲体育运动能够明显提升人的身体素质,同时有利于人们的身心健康。

随着人们健康意识的增强,人们在平时的休闲中会更愿意参加不同形式的体育运动。目前,休闲体育逐渐发展成了一种重要的生活方式。"终身体育"的观念逐渐融入人们的生活中,人们更加重视身心健康发展,这都为发展休闲体育产业提供了良好的条件。人们之所以乐于接受并实行"终身体育"的理念,其重要的原因是,该理念与人们的身心健康息息相关,它是指导人们参与身体锻炼的理论基础。

（二）文化功能

1. 促进观念的提高

经常进行休闲体育运动,有助于提高人们的生活水平,使人们形成正确的体育意识,培养合理的休闲体育消费行为。参加体育活动的人们不断在休闲体育活动中达成共识,有助于加深对休闲体育的认识。

2. 丰富人们的生活

进行休闲体育活动,能极大地满足人们的身心需要,同时也能获得自身的完善与发展。

(三）经济功能

1. 提供就业机会

发展休闲体育产业市场可以为人们提供不同的就业岗位，从而有助于缓解就业难的问题。现如今，我国不论是刚毕业的大学生还是想谋求发展的职业人，都面临着不同程度的就业难的问题，这会影响我国构建和谐社会。休闲体育产业属于综合性的产业部门，该产业可以为不同类型的劳动者提供就业机会。

2. 刺激健康消费

休闲体育产业的相关部门应在健康理念的指导下，合理刺激和引导人们进行体育消费，从而推动我国体育产业市场的健康发展。

人们的生活方式和消费观念都发生了显著的改变，从而造成人们的消费需求发生变化。在人们的物质需求得到满足的条件下，人们对精神方面的需求不断提高。人们更加清醒地认识到体育对身心健康的积极作用，进行体育运动已经成为人们生活不可缺少的一部分。

第二节 我国体育产业的组织形式

体育组织是体育运行中的基本单位，不同类型的体育组织在工作目标、职能、服务对象上各有特点，经济特征各异，经济运行机制也不尽相同。目前我国体育组织形式主要有以下几种。

一、体育行政机构

各级政府体育主管部门这类体育组织是体育事业的政府行政管理部门，在各级人民政府的领导下，承担对本地区体育工作的指导、协调、监督等职能。

二、体育事业组织

体育事业组织是指各级体育局(委)直属的事业单位。包括国家、省市运动队,训练基地,公共体育场馆,体育院校等,主要任务是为体育训练、竞赛和群众性体育活动的开展提供人才、场地、技术等服务。

三、体育社会团体

体育社会团体包括综合性体育组织、单项运动协会、公益性体育俱乐部和各种专业性体育协会、基层体育协会等。

四、体育企业

体育企业主要指体育系统、社会团体、企业、个人兴办的以体育服务为主要内容,以营利为主要目的的体育经营组织。政府机构、事业单位、社会团体、企业这四种不同类型的体育组织,运行方式不同,发挥的作用不同,构成了一个适应体育公益性和社会性特征的、灵活多样的体育组织体系。体育组织的运行机制具体表现为三种类型。

(一)市场机制型

这类体育组织主要指以体育服务为主要内容、以营利为目的、自主经营的体育实体。这些体育经营实体的运行是以经济效益为中心、以市场为取向,按照供求规律、竞争规律运作,实行自负盈亏、自主经营、自我约束的运行机制。

(二)计划机制型

主要指少数靠财政资金拨款的体育事业单位和团体。这些体育组织发展的目标、规模、结构等,主要依据国家和体育行政机关下达的计划和所拨的经费而定,在其运行中计划机制起主要支配作用。

(三)半市场机制型

这是体育组织的主体,如实行差额拨款的体育事业单位、各体育总会、单项运动协会、体育俱乐部等。在这些体育组织运行中,虽然计划机制仍发挥作用,但市场机制的作用逐渐增强,并在不同程度上发挥主要作用。其运行的目标首先是满足国家和社会的体育需要,然后才是追求经济效益、减少消耗、增强自我发展能力。这类体育组织的性质决定了它的经济来源主要靠国家支持、社会赞助和自身经济收入。

第三节 我国体育产业的发展模式

发展体育产业是适应社会主义市场经济体制、深化体育体制改革、拓宽体育投资渠道、增强自我发展能力的一项重大战略举措。我国体育产业的发展目标应该是形成以体育本体产业为基础,多业并举,多种经济制度并存,共同发展的产业发展新局面,即由"以政养体,多种经营"逐步发展为"以体为主,以体养体"。

一、所有制结构与经营方式

体育部门的宏观所有制结构由单一的公有制转向以公有制为主体的多种所有制形式并存。经营机制将由此发生巨大的变化。

二、动力结构与分配形式

社会主义体育产业是以经济利益为主体动力的多种动力结构的统一,是以按劳分配为主体的多种分配形式。

三、关于体育产业结构与对外经济关系

大力发展本体产业,积极发展相关产业,改革"大而全"封闭式组织结构,在自愿互利基础上,促进人才、技术、资金、管理等生产要素的合理流动与重新组合,保证有效供给。要实现生产要素的合理流动与重新组合,必须在国内市场上实行全方位的开放政策,同时加强与世界体育发达国家和周边国家的交流,扩大同发达国家的协作。

四、关于体育消费与法治建设

积极发展体育产业,努力扩大体育消费,实现生产与消费、供给与需求的基本平衡。制定符合市场经济体制的法规、条例,使各项工作有章可循、有法可依,保证体育产业持续、有序地发展。

第四节 我国休闲体育产业的发展现状

我国休闲体育和休闲体育产业的发展现状有以下两方面:一是将休闲体育和休闲体育产业简单地归类为健康体育或社会体育之中,任其在竞争中自由发展;二是对完全脱离体育领域、已经进入文化娱乐等其他市场的休闲体育表现出极端的无能为力。因此,我国休闲体育产业的整体发展水平还处于萌芽状态的潜伏期,暂时还没有能力从依附的其他产业中独立出来。虽然我国已经有了许多休闲体育活动项目,并以企业的形式在运营,但这种运营是脱离体育本质范畴、作为其他产业或依附于其他产业之中的运营。

在改革开放之前,我国的休闲体育产业基本上是一片空白。这种空白不仅是物质上的,更主要是观念上的。因此,填补这种空白绝不是一朝一夕可以完成的,它不仅需要雄厚的社会经济基础,更需要正确的理论引导。如果我们不承认与经济发达国家这种现实背景下的差距,我国的休闲体育产业发展将难以找到正确的赶超目标和努力方向。

我国休闲体育产业,因为体育产业发展先天不足而造成整个体育产业领域的后天缺陷,自然而然地承受了许多来自不同角度的负面影响。产业的归属问题不明确,直接影响了对产业市场规模的掌握与规划,影响了对产业市场前景的判断与预测,从而更进一步影响了对产业整体发展的决策和产业发展政策的制定,带来了一系列管理上的麻烦,加大了操作难度,造成了各个主管部门产生了急功近利的思想,忽视了对未来市场的培育开发,失去了发展的大好时机,延缓了我国休闲体育产业的整体发展速度。

我国与经济发达国家休闲体育产业的发展,在经历了几乎相同的发展过程以后却进入了两种完全不同的状态。这不仅要求我们必须深刻反省过去休闲体育产业发展操作过程中的行为,还要求我们必须能够根据我国所处的经济发展时期,制定出适应我国目前休闲体育产业实际发展需要的方针政策。

我们必须承认自己的差距和存在的不足,但这并不是要求休闲体育产业工作者盲目地去借鉴或不假思索地去照搬别人的经验,而是要在深刻思考的基础上,找出经济发达国家休闲体育产业高速发展的真正原因和我国目前能够参考、借鉴的内容,并以此为基础加以改进、提炼,随后制订出符合我国国情的休闲体育产业发展计划。

根据我国休闲体育产业目前发展的整体状况,找准适合我国休闲体育产业发展的切入点。经济发达国家的休闲体育产业热门项目不一定适用于我国。民族不同,文化背景不同,社会习惯不同,欣赏观点也不同,如此之多的不同,实际上已经构成了产业发展的热点不同。我国休闲体育产业如果要有大发展,就必须设计出中国人喜欢的、适应中国人心理需求的、符合中华民族习惯的项目。这一点对我国的休闲体育产业发展非常重要,特别是前期投入较大的休闲体育项目,必须进行反复论证。而这种论证,不仅是经营管理模式上的论证,更需要结合当地的文化发展背景和社会发展背景来进行论证。

我国休闲体育产业与文化娱乐产业的混杂状况,已经形成了影响我国休闲体育产业发展的一大阻力,这种人为的阻力必须尽快地加以解决。另外,我国休闲体育产业目前的多头管理,使休闲体育产业发展现状成了极难掌握的一道难题。特别对产业市场规模的统计分析,极易产生误差,同一种产业,文化领域统计出来的是文化娱乐产业,休闲体育产业统计出来的是体育产业。因此,尽快建立一套休闲体育产业统计指标体系,是促进我国休闲体育产业发展的重要一步[①]。

---

① 李明.体育产业学导论[M].北京:北京体育大学出版社,2001.

第三章

休闲体育产业的经营管理理论体系

体育经营是体育的一项职能,是在市场经济条件下伴随商品经济的发展而派生出来的一项职能。企业经营管理则是以企业经营合理化为目的,为执行经营职能所从事的各种管理工作的总称,通过应用现代管理的原理和方法,实现经营的最优化。广义的经营管理是对企业全部生产经营过程及其活动的管理,包括生产、技术、经营以及职工政治思想工作、教育、福利等的全面管理。体育产业经营管理则是在我国社会主义市场经济条件下,体育产业部门面向市场,走产业化、商业化发展道路的客观要求。在体育产业化条件下,经营管理具有更为重要的意义。

第一节　休闲体育产业经营管理概述

在休闲体育产业经营活动的各个过程中,经营的概念可能会有很大的不同,正如同一个体育用品产业经营,或同一个体育空间设施产业经营,或同一个体育服务产业经营,等等,都包含着营利性经营和非营利性经营这样广阔的市场实施范围。

在体育经营活动中,企业追求的目标不只是经济利润,更高的追求是通过体育经营活动,准确了解并把握消费者的消费需求和消费欲望,创造出新的消费市场和新的消费群体,从而将体育经营活动融会贯通于企业自身的生存发展之中。在国家、社会的公共机构非营利性体育经营中同样如此,在高度社会责任感和高度社会使命感的旗帜下,必须慎重分析市场组成的各种积极、消极因素,才能保证实现开发潜在市场、发展潜在消费群体的非营利性体育经营目标。

在经营战略策划中,明确市场经营目标,并为实现这个目标进行深入细致的讨论,是其中非常重要的一个组成部分。针对一次具体的体育活动经营战略,首先必须进行市场环境分析,对掌握的信息市场信息进行综合比较,明确主要的经营对象和经营市场,在此基础上制定出具体、可实现的经营目标。当然,在这些预算中也应该包括经营资源的分配问题。相对一次具体的体育经营活动,在非营利性的体育活动经营中,每位体育消费者都拥有同样享受经营资源的权利。但是,在营利性的体育活动经营中,经营资源必须根据体育消费者的实际消费需要和消费投资进行调配,而且具体的体育活动经营方法是根据如何高效率地完成本次活动的经营目标来确定和选择的。因而一次具体的体育活动经营,必须准确把握消费者的需求、销售时间、销售地点、销售价格,这里的销售价格包括消费者购买产品时直接支付的价格以及消费者购买产品时间接支付的价格(时间、精力、劳动等),必要时还可以通过体育活动经营,展开针对消费者的产品、流通、价格、信息等一系列的促进销售活动。

通过以上经营战略策划，企业就可能提供与不断变化的市场相适应的企业产品或企业服务。而市场经营的目标实现与否，主要就是看消费者如何评价企业提供的产品或企业提供的服务。而这类信息获得后必须迅速反馈到经营活动的主体，以便及时发现并处理可能出现的问题。①

在具体的体育经营活动中，企业需要从对市场的分析中掌握消费者的需求，并根据消费者的需求提供给消费者令其满意的服务。这也就是我国古代《孙子兵法》中的著名论断："昔之善战者，先使己不可胜，待敌之可胜。知己知彼，百战不殆。"而这里所说的"知己"，是对内部经营资源的合理分析和恰当评价；"知彼"，就是对市场环境的正确分析和准确预测。依据这样准确的信息分析，向市场提供消费者需要的产品或服务，自然是"百战不殆"了。确立正确的经营目标，企业自身的目标、理念，或者是非营利性组织的使命感和责任感，对其有着相当大的影响。以营利为目的的经营，目标是通过满足消费者的需要或欲望，提高营业额，增加企业利润。而非营利目的的经营，对经营成功与否的评价，却是是否实现了组织的使命、是否尽到了责任。这就要求经营者必须准确区分两种经营的相同点与不同点，策划出与经营主体身份相符、适应经营主体需要的经营计划。

一、休闲体育产业经营管理的要素

经营管理是对企业全部生产经营过程及其活动的管理，包括生产、技术、经营以及职工工作、教育、福利等的全面管理。

体育部门的企业实体和事业实体，为了生存、发展和壮大，必须增强素质和提高能力，特别是要提高适应环境的能力和竞争的能力，才能在激烈的竞争中获胜。这就要求各个经营实体具备内部要素，即经营六要素。这也是搞好经营管理需要的内部条件。

经营的第一个要素是人，即体育产业的经营管理者和被管理者。企业中管理者素质的好坏，对于能否调动群众积极性，完成各项任务，提高效益具有决定性意义。一般职工要熟悉自己的工作业务，有一定的实际工作经验，了解所使用设备的性能和构造，能熟练地操作，并经常保

---

① 尚东.体育事业管理百科（第3卷）[M].长春：吉林音像出版社，2003.

持设备完好,延长和提高设备的使用寿命和使用效率。总之,劳动者的体力水平、文化科学水平、政治思想水平和业务水平,都要同服务工作的现代化水平相适应,如果职工素质较差,必然会影响经营质量和服务效果。

经营的第二个要素是产品。体育企业要想在激烈的竞争中立于不败之地,就要不断创新,不断突破自我。相对于产品创新,技术创新更为重要。可以说,体育产品发展的好坏直接影响到我国体育产业体系的发展。体育产品包括实物、劳务及精神产品;实物产品包括运动器材、服装、饮料及各种食品;劳务包括为运动训练、竞赛、表演及体育场馆向群众开放等活动提供良好的服务;精神产品包括运动员以运动竞赛和表演活动等形式给观众提供的享受资料,也包括体育知识宣传,电视实时转播,赛场规章制度的建立与宣传,以及举办各种学习班所提供的技术和知识等。各种产品的数量和质量,都要有计划指标,定期检查、监督和落实。为了生产更多更好的符合社会需要的产品,除了加强市场调查,掌握最新信息外,还要实行严格的奖惩制度,实行劳动成果同经济利益挂钩。

经营的第三个要素是物资,包括原材料、辅助材料及能源等。这是生产体育产品特别是物质产品的基础性条件。确定经营项目首先要考虑原材料来源,尽可能地接近原材料产地,同时还要使产品尽量接近市场,避免社会劳动浪费。

经营的第四个要素是器材设备,包括适应各种比赛项目需要的设备,以及生产用的厂房、机器设备、工具、仪器仪表等。器材设备应当适用、先进,从财力实际出发,逐步现代化。器材设备应由专人负责保管,保持完好率。

经营的第五个要素是资金。体育资金的来源,一是国家拨款,二是社会赞助,三是内部增收节支。资金表现为价值,资金的投放与使用应以效益为原则。因此,投放、使用资金不管是生产物质产品还是精神产品,只要是商品,都要体现使用价值和价值的统一,社会效益和经济效益的统一,在提高效益的基础上,尽量节约使用资金。

经营的第六个要素是信息。信息,主要是市场信息。所谓市场信息,就是在市场上发生的或与市场有关的各种信息、情报的总称。市场信息包括供需信息、价格信息、新产品开发信息、新技术采用信息、党和政府提出的各项政策和规定的信息等。信息是资源也是财富,掌握了最新信息也就掌握了生产经营的主动权、产品销售的主动权和市场竞争的主动权。经营之道,说到底是信息之道。信息来源是多方面的,其主要渠道是党和国家机关、上级主管部门、商业部门、消费者和用户、市场研究所和市场咨询机构等。

二、休闲体育产业经营管理范围

根据体育经营形态,则可以将体育经营划分为体育的经营(marketing of sport)和围绕体育的经营(marketing through sport)两大类。同时,根据体育经营的本质,同样也可以将体育经营划分为营利性经营和非营利性经营两大类,或者说是商业性经营和公益性经营两大类。表3-1为休闲体育产业经营领域体育经营对象简表。

表3-1 休闲体育产业经营领域体育经营对象简表[①]

经营对象	营利	非营利
体育的经营	体育用品、体育空间设施等的生产、销售、建设;商业体育俱乐部经营;职业体育联赛经营;体育活动的商业策划等	公共体育设施经营、服务;新体育项目普及推广;社区、学校等健康体育活动;企事业单位的业余体育活动;各种义务体育表演、比赛等
围绕体育的经营	体育活动(比赛)赞助,如奥林匹克运动会赞助、足球世界杯赞助、全国足球甲级联赛赞助、企业的实业性质运动队伍等	健康体育发展运动、爱国主义教育运动等

表3-1中体育的经营,主要是指体育的三大基本产业,即体育用品产业经营、体育空间设施产业经营、体育服务产业经营,还包括体育服务产业和体育空间设施产业、体育用品产业结合产生的体育空间设施经营管理产业经营和体育相关流通产业经营,支撑上述体育产业发展的职业体育产业经营和健康体育产业经营,以及正在逐步兴起的新型体育产业——休闲体育产业经营。

这八大类体育产业的经营中,休闲体育产业经营暂时还只能依附于其他产业而不能独立经营。但休闲体育产业已经初步建立了自己的产业经营体系,相信不久的将来即可独树一帜。另外,国外许多体育经济

---

① 张成.体育产业开发、投资、运营管理与体育项目可行性研究及经济评价手册(第1卷)[M].合肥:安徽文化音像出版社,2003.

学家认为支撑体育产业发展的只有职业体育产业,没有健康体育产业。所以也有人称其为六大产业经营。无论六大产业经营还是八大产业经营,它们都包括了以营利和非营利为目的的两种经营。

根据体育经营具有的两重性,美国体育经营学家穆林在20世纪90年代初,给体育经营做过这样的定义,即体育经营,是指为了满足体育消费者的需要和欲求,通过相互交换来完成的一系列活动。因此,它包括了以下两个领域。第一,对体育消费者的直接体育商品、体育服务推销等方面的经营;第二,通过体育活动,间接推销其他企业产品和服务等方面的经营。

虽然穆林的这个定义和一般的经营定义并无太大的差别,但他确立了"体育消费者"这个新概念,明确了体育经营的主要对象和主要内容。

三、休闲体育产业经营管理观念和经营管理方略

(一)休闲体育产业经营管理观念

体育部门各经营实体应在明确国家观念、社会观念、政策观念、市场观念、法治观念、全局观念等前提下,结合体育产业的实际,有计划地树立以下观念。

1. 以体为主,多种经营的观念

就体育场馆来说,首先要为运动训练、运动竞赛和群众体育活动提供优质服务,在此基础上开展多种经营,实现场馆盈利。

2. 为消费者服务的观念

以消费者为中心,做到科学设计、合理安排,在了解消费者需求的基础上帮助体育企业做出改变,使所生产的产品或者提供的服务更满足消费者的需求与预期,对促进企业的健康发展具有重要意义。

3. 开发观念

(1)产品开发。2021年中国国际体育用品博览会汇集了中外体育厂家、科研单位、大专院校生产的运动器材、健身器材、康复器材及运动保健器材等新产品,这些新产品琳琅满目,引人入胜,是现代体育科学技术的最新成果,它们向我们展现了开发体育产品的光辉前景。我们应当

善于运用信息交合原理搞好产品的构思,创造全国、全世界都欢迎的新产品。

(2)科技开发。体育产业的生产经营既要重视技术引进,又要重视技术革新。要重视对引进技术的吸收、融合、提供,做到博采众长,自成一家,善于把科学研究成果转化为生产力,大力发展和推广效果好、见效快的科技成果。要重视开发新技术,重点开发电子技术、信息技术和新型材料等。

(3)资源开发。我国的体育资源十分丰富,有人力资源、物质资源,还有信息资源,要充分发挥这些资源的作用,进一步促进体育产业的发展。

(二)休闲体育产业经营管理方略

随着新闻媒介在各个领域的普及,特别是全球广播电视应用的普及,体育的媒体价值越来越高。新闻媒介不仅可以宣传体育产品,还可以提高体育企业和体育产品的知名度,所以,宣传媒介和企业营销的直接介入,明确了这类体育赞助的商业性质,也明确了在体育活动中运动员作为广告载体的作用。

那么,体育吸引商业赞助的魅力是什么?

1. 公平形象

体育给人的最大印象是公平竞争。不管你来自什么国家,不管你是什么出身,不管你是什么民族,不管你说什么语言,不管你的宗教信仰是什么,大家同在一片蓝天下,同在一个运动场上,同在一个规则下竞争,这是最公平的竞争。

2. 明星效应

体育是一项注重结果的活动,运动员要想取得最终的胜利,就必须通过不断努力和日积月累的高强度训练达成目标。而高水平的优秀运动员,无疑是将他使用过的体育运动器材和体育运动方法(体育服务)等,推荐给更多体育爱好者的最佳人选。因此,运动员本身就具有明星效应,在体育活动中具有较强的感染力和传播力。

3. 国际性

体育运动也被称为一种超越语言、超越民族的运动,也就是说体育运动是一种最有效的国际交流手段。它和文化艺术一样蕴藏着民族的文化精髓,并且能够通过简单的身体运动(语言)充分展示出来,从而引起全世界的共鸣。

4. 社会性

体育活动多是团体活动,团结协作精神在体育活动中被体现得淋漓尽致,这对小运动员和体育爱好者来说充满了神奇的魅力和强大的吸引力。当你真正喜欢上一支运动队伍的时候,当你从一名小运动员逐步走上成熟的时候,你也就融入其中,具备了这支队伍的特征。

随着体育媒体价值的提高,体育活动的商业赞助机构越来越多,但体育商业赞助范围和资金的不断扩大,也引起了国内外许多研究人员,特别是社会学者,对"体育活动变成了单纯商业活动"的担心,并由此引发了一些对体育商业赞助的批判。虽然这种批判并没有形成一浪高过一浪之势,也没有得到更多、更广泛的附和响应,但它毕竟在以经济发展为中心的当代世界形势下,在体育产业的全球化发展进程中,敲出了一个不太协调的音符,应该引起我们的警惕和注意。

四、休闲体育产业经营管理过程

体育部门各实体的经营活动包括生产、技术、交换等一系列活动。经营管理过程大体包括以下五个方面。

(一)制定经营目标、方针与策略

这是各经营单位经营的核心,是有着决定性意义的阶段。做好这方面的工作,需要根据体育发展战略目标,开展市场调查研究与经营预测;确定经营项目、经营目标,制定经营方针与经营策略;编制经营计划及搞好经营决策。这些属于战略决策的内容,构成了经营单位经营管理的核心。

（二）新技术的开发

科学技术进步，是经营策略得以实现的重要保证。无论是物质产品或劳务产品，都有一个关于新技术的研制、运用和开发的问题。信息固然重要，但如果没有新技术做保证，要提高产品质量也是困难的。开发新技术需要投资：一是用于聘请或培养专门人才；二是用于购置新设备和新的原材料；三是用于研究新的工艺流程。开发新技术，需要具备一定条件，难度较大，但是新技术一旦开发出来，必将提高市场竞争力，从而增强经营实体的活力。

（三）产品制造及提供服务

这是经营过程的基础，它要求按经营计划有效地利用国内外各种资源制造商品或提供劳务，既经济又合理地组织物质及能源的供应和消耗，提高劳动生产率和工作效率，提高服务质量，搞好职工培训和利益分配。

（四）市场开拓及商品销售

指定专人负责开拓市场或销售产品，搞好产品销售前、中、后全过程的组织及服务工作，确定目标市场、开拓潜在用户及潜在市场，努力树立产品形象。这是经营结果好坏、收效大小的一个重要标志。

（五）财务管理

它包括全面成本管理(成本目标→成本预测→成本计划→成本控制→成本决策→成本核算→成本分析及反馈)、资金管理(筹措、应用、投资决策)、利润管理、全面经济核算等。

以上活动过程表明，经营单位必须以提高产品质量、服务质量和经济效益为中心，处理好事业发展与经营活动的关系，协调内外各种关系。

五、休闲体育产业经营管理构成与类型

体育设施服务与经营形态，主要是社会健康体育设施。随着我国老龄化进程的加快，人们的健康意识也越来越强，健康体育已经作为一种时尚进入千家万户,并逐步发展成了人们日常生活中的一个不可缺少的组成部分。[1] 人们日益增长的健康体育需求与健康体育设施不足的矛盾已得到有效缓解。如何进一步开发健康体育设施内在功能,如何进一步挖掘健康体育设施内在潜力,缓解持续升级的供需矛盾,即如何提高健康体育设施经营效率,满足人们一直上升的健康体育需求,已经超出了健康体育领域单纯依靠自身力量能够解决的范畴,引起了我国经济、服务、商业、福利等许多不同领域的关注,成了经济学、产业学、社会学家们高度重视的一个热点研究课题。[2]

（一）体育设施的服务构成

1. 健康体育活动的主要条件

研究健康体育设施中的服务构成,必须首先厘清人们进行健康体育活动时应该具备哪些主要条件。人们在进行健康体育活动时,必须有健康体育活动需要的设备设施和健康体育活动需要的用品,必须理解什么是健康体育活动和如何进行健康体育活动。这也就是说,如果具备了健康体育活动需要的空间设备设施,了解进行健康体育活动的方法、手段等基本知识,就具备了开展健康体育活动的主要条件。这里所说的主要条件,即增强体质、维持机能、促进健康生活发展所必须具备的条件。

因此,完全有理由将这三个主要条件看作健康体育设施经营中必须具备的三项基本服务。如果从健康体育设施经营提供服务种类的角度进行归纳,提供健康体育活动需要的场地、设施等方面的服务,就是健康体育设施中的空间设施服务；提供健康体育活动日程制定、健康体育处方等方面的服务,就是健康体育设施中的计划处方服务；提供相互交流、培养共同健康体育爱好朋友等方面的服务,就是健康体育设施中的社交环境服务。[3]

当然,站在健康体育设施经营的研究立场,如果只提供上述开展健康体育活动需要的三项基本服务,显然远远不够。为了保证健康体育活

---

[1] 廖国庆.体育市场营销与奥运分析实务手册(第3卷)[M].合肥:安徽文化音像出版社,2004.
[2] 李明.体育产业学导论[M].北京:北京体育大学出版社,2001.
[3] 纪康宝.体育俱乐部市场化运作与现代化管理实务手册(上)[M].长春:吉林电子出版社,2003.

动消费者或参加者的安全,为了提高健康体育活动质量和效果,还必须配置一定数量的健康体育指导员。为了让健康体育活动消费者或参加者及时了解体育和健康体育等方面的发展状况,培养他们的兴趣,调动他们参与健康体育活动、进行健康体育消费的积极性,还必须建立起通畅的外界信息收集渠道和内部信息传达渠道。为了满足他们健康体育以外的需求,还必须考虑增设一些附属设施和增加一些相关服务项目,等等。

所以,健康体育设施服务,是以提供增强体质、维持机能,提供健康体育活动条件为中心的整体活动。因而,在考虑健康体育设施服务具体内容的时候,必须建立一种为健康体育消费者或参加者提供全方位服务的整体观念,必须提高服务的针对性。例如,针对具有健康体育愿望,但又不知道如何进行健康体育锻炼的人们,就应该主动、及时为他们提供健康体育方法指导、提供健康体育活动机会等方面的服务,避免他们因"不知"而远离了健康体育。因此,健康体育设施经营,还必须考虑提供什么样的服务更容易得到人们的认可,组织什么样的活动更加接近人们的需求,创造什么样的环境更能被人们接受等方方面面的问题。换言之,健康体育设施服务,既包括告知健康体育方法、指导健康体育技术、讲解健康体育理论、提供健康体育设备设施等主要服务,也包括排除影响健康体育发展的各种不利因素,创造便于进行健康体育活动的条件,促进健康体育发展的其他各种各样的相关服务、延伸服务。

2. 健康体育设施的基本服务

(1)空间设施服务。健康体育空间设施服务是指为增强体质、维持机能、开展健康体育活动提供场地设备等空间设施方面的服务。目前,对服务所包括的内容有两种不同的观点:以日本为主要代表的一些国外体育经济学家认为,服务应该包括健康体育空间设施的建设维护和单纯提供健康体育活动空间设施两个方面的活动内容。我国体育经济学家则大都持单纯提供健康体育活动空间设施服务的观点。这两种观点的共同之处就是为消费者提供令其满意的服务,以消费者参加健康体育活动满意度为最高追求目标。例如,健康体育活动消费者或参加者,希望在活动之后能进行桑拿浴、蒸汽浴、保健或康复按摩,能享受到与他人轻松愉快的交流环境,能方便地进行购物、娱乐、就餐、住宿等,这些都应该作为健康体育设施经营必须考虑的内容。因此,健康体育设施经营,不仅必须考虑专门设施,还必须考虑附属设施。但是,增加设施的基础是雄厚的经济实力,设施数量的多少直接决定着经济投入的大小。所以,在决策投资之前,必须对健康体育设施的经营对象进行深入细致的研究。

（2）计划处方服务。健康体育设施中的计划处方服务,是指提供以健康体育活动、增强体质训练、促进个体健康发展为目的制订的活动计划或运动处方等方面的服务。它不仅在健康体育设施中至关重要,在健康体育的整体经营中也一直占有非常重要的地位。现代健康体育设施中的运动计划处方服务,最常用的有测试计划、训练计划、学习计划、休闲计划、比赛计划和宣传计划。

在健康体育设施服务中,测试计划和训练计划经常结合使用,即构成"检测"—"计划制订"—"计划实施"—"效果测定"—"反馈"系统工程的基本要件。这对消费者或参加者坚持单调乏味身体训练的动机激发有着非常积极的意义。

（3）社交环境服务。健康体育设施中的社交环境服务,是指提供相互交流沟通、培养志趣相投的共同参与健康体育活动的环境。因此,许多国外的体育经济学家、体育社会学家根据俱乐部的基本概念,也将其称为"健康体育设施中的俱乐部服务"。我国健康体育设施中的社交环境服务,由于健康体育设施,特别是商业经营性质的健康体育设施收费较高和经营者的经营意识不强,对社交环境服务重视程度不够等,使原来已经供不应求的健康体育设施更增强了封闭性。因此,在社会各个领域中,健康体育设施产业至今还未形成参与行业市场竞争的态势和力量,对未成为会员的人们(将来可能成为会员或经过努力可能成为会员的人们))的影响力还相对较小。其结果是形成了目前这种健康体育设施数量和健康体育设施消费者两个方面不足的尴尬局面,其实质是限制了我国健康体育设施规模和健康体育设施经营的发展进程。[1]因此,如何面向全社会加大健康体育设施的开放性和开放力度,是直接关系到健康体育设施产业生存发展,也是关系到终身体育目标能否顺利实现的重大研究课题。

---

[1] 纪康宝.体育俱乐部市场化运作与现代化管理实务手册（上）[M].长春：吉林电子出版社,2003.

3. 健康体育设施的相关服务

健康体育设施的相关服务，主要包括以下两个方面内容。

（1）依托体育健康设施及活动，宣传企业产品，提高企业知名度。例如，提供企业悬挂广告牌、广告画的位置等。这时的健康体育设施只是一个载体，一个被利用的工具。企业宣传什么由企业自己决策，企业通过宣传能否达到自己预期的目的由企业自己判断，企业的产品、形象等方面的广告内容也不一定与健康体育有什么必然的联系。设施服务只提供宣传空间以及履行审核宣传内容是否健康等监督方面的职能，基本不参与企业策划及具体操作过程。

（2）提高健康体育设施的服务效率。与周边单位，特别是与社区建立起良好关系，努力争取进入社区发展的整体规划之中，参与社区经济建设，形成社区的健康体育文化等。这类影响健康体育设施产业生存发展的服务多种多样，关键是能否把握时机，能否尽量以最小的投入换取最大的效果，即能否赢得更多的健康体育消费者和参加者。另外，在吸引参与者和保证参与者的稳定性方面，开展入场券打折、赠送小礼品或纪念品、赠送健康体育用品采购券等带有回报社会性质和经济补偿性质、经济返还性质方面的活动，也是健康体育设施经营中绝对不容忽视的重要环节。再就是举办提高指导员能力、素质的研讨会、讲座，选派有特殊贡献的指导员外出进修等类似活动，都是直接影响健康体育产业经营发展的重要因素，都必须慎重考虑，认真落实。

4. 健康体育设施的服务构成

健康体育设施经营的核心，就是努力促使健康体育设施具备的各种功能都能得到充分的发挥。因此，设施中的计划服务、环境服务等构成条件，都被作为最基本的服务提高到了相当重要的位置。为了提高基本服务效果，指导员素质、接待、收费、附属设施等以外的延伸服务，还有设施的形象、舒适度、沟通等消费者或参加者心理方面的扩大服务，都被作为重要内容规划在了必须考虑的范畴。从这个角度来看，如何理解健康体育设施中的服务构成，可以说直接影响甚至决定着健康体育设施产业经营的发展前景。

(二)体育设施经营类型

自1984年尤伯罗斯先生运用商业手段成功地举办了美国洛杉矶奥运会以来,"体育与经营"一下子成了全世界共同关心的最热门的话题,体育产业经营、体育设施经营、体育服装经营、体育器材经营、职业体育经营、健康体育经营、休闲体育经营等,至今仍然是报纸、杂志、广播、电视等各大新闻媒体中出现频率最高的名词之一。我国体育领域是在经济体制改革大潮的推动下,从系统内部"经营创收活动"起步,开始涉足经营、探索产业化发展道路的。只是人们所有关注的目光和全部的热情,都集中在了轰轰烈烈的竞技体育的职业化改革方面,因而使健康体育改革长期处于一种不冷不热的境地。[①] 直到20世纪末,由于人们健康体育需求不断增大和健康体育设施数量严重不足,以及这两方面矛盾的日益尖锐,人们才又重新注意到了健康体育设施的经营问题。基于这样的背景,下面对健康体育设施经营中的空间设施、俱乐部、学习班和这三种形态结合的四种主要经营形态进行初步的理论探讨。

1. 体育产业与健康体育俱乐部

俱乐部经营,一般是指以会费作为主要经济来源的会员制经营(一般健康体育俱乐部要求会员的会费收入应该达到俱乐部总收入的70%左右)。我国的健康体育俱乐部,现在有长期、中期、短期、临时四种主要会员资格制度。其基本特征是会员会费和消费费用的统一性和提前性,即先交钱后消费、会员会费与消费费用相等。再就是西方国家20世纪三四十年代曾流行一时的"有闲阶层"俱乐部会员资格制度,经改良后也传入了我国沿海等少数经济发达地区。其基本特征是社会效益的经济化和会员资格的社会化,会员的个体消费质量直接决定着俱乐部经营的整体经济效益。取得这种俱乐部的会员资格,除了必须具有一定的经济实力以外,还必须具有一定的社会地位、政治地位等方面的附加条件。这时的会员资格,已经远远超出了"会员"的原意,成为社会地位、经济地位、政治地位的一种象征。

因此,从上述角度分析,健康体育俱乐部的运作形式已经渗透了商业气息,成了商业经营的一种代名词。轻松愉快的社交功能往往取代了应有的健康体育本质功能,不知不觉中健康体育俱乐部成了人们的社交

---

① 尚东.体育事业管理百科(第3卷)[M].长春:吉林音像出版社,2003.

场所,而不是健康体育场所了。所以,通过少数亲密无间朋友的欢聚,经营者们往往看到的只是享受服务的形态和通过交流获得的快乐,因过分夸大了"俱乐部"的功能,而忽略了"健康体育"的功能。所以,处理好两者间的关系,把握分寸,控制火候,是健康体育俱乐部经营成功的关键。

2. 体育产业与健康体育学习班

(1)功能与作用。健康体育学习班经营,是会员制经营中的一种特殊形式。从特定的学员中收取一定的费用,是维持学习班正常运转的主要经济来源。成为学习班学员的健康体育消费者,有权要求得到预定内容的学习指导和参加各种预定活动的机会。因此,健康体育学习班的经营中心是课程。它通过快乐的课堂教学,帮助人们学习健康体育运动的方法、规则,掌握健康体育运动的技术、技巧,从而起到以下两方面作用。

①终身体育的作用。通过学习班的学习,不仅能够轻松愉快地掌握健康体育运动的技术、技巧、规则、方法等,还能够结识许多有着共同健康体育爱好的新朋友。因而无论从哪个角度理解,健康体育学习班对加速健康体育进入人们的日常生活,促进"体育生活、健康生活"的形成,从而实现终身体育的最高目标有非常积极的意义。

②补充社会系统功能的作用。例如,我国现在近十万名具有技术等级称号的社会体育指导员中,由各种各样体育学习班培养的指导员大约占50%,这还不包括申报技术等级称号时必须参加的学习班人数。他们在推动我国社会体育的发展中做出了不可磨灭的贡献。所以,健康体育学习班是培养社会需要的各种健康体育人才的一个重要途径,在社会系统中占有不可取代的重要位置。

健康体育学习班的学习内容,例如潜水、武术、球类运动、健身体操等技术的学习和掌握,大都被当作学习班的主要目的在运作。因而在单体经营为主的游泳、网球等技术性较强的项目学习班,学习内容既可以作为综合学习的中心,也可以作为经营的中心,还可以作为保持健康体育状态的一种商品。所以,如果换个角度考虑学习班的经营问题,组织"终身体育方法""体重控制"等各种各样的"问题学习班"或"专题学习班",也应该是健康体育设施经营的一个重要手段。

(2)思考与建议。健康体育学习班经营,提供的是以学习内容为中心的计划服务或课程服务。因此,健康体育设施必须考虑如何增强和利用自身具备的功能,保证学习计划完成、取得理想效果服务的问题;必须考虑如何创造便于交流、增进友情的学习环境问题；必须考虑如何使学习班的内部活动形式和指导方法更加宽松、更加自由、更加生动活泼的问题。①

学习班的基本特点是时限性,学习时间有着严格的规定。预定的时间到了,这期学习班就结束了,学员作为消费者的角色也就改变了。因此,健康体育学习班经营的关键是如何补充新学员,充分保证生源的问题。健康体育学习班经营,必须考虑如何扩大经营对象的问题,必须考虑如何将健康体育学习班的经营形态作为功能来扩大的问题。这在终身体育中将起到非常重要的作用。

3. 健康体育产业空间设施

健康体育设施中的空间设施经营,一般是指将不特定的健康体育消费者作为对象,提供健康体育活动场所,从而收取相应费用（设施使用）的经营。因此,健康体育空间设施经营中的体育服务,应该将体育设施的配备、检查等安全保证方面的问题作为经营的基础,将如何提高健康体育活动的乐趣,创造健康体育拓展、延伸功能的发挥环境等作为经营的预期效果。当然,为了吸引更多的健康体育消费者,还应该将方便消费者利用的联络手段配置列入经营构成的内容。在经济发达的西方国家,健康体育空间设施经营的主要场所是保龄球场、高尔夫球场等。

我国的健康体育空间设施经营与西方国家不同,换个角度完全可以将其看作"体育生活、健康生活"和终身体育的基础,因而,看似简单的运作形式中包含了直接关系到人类自身生存发展质量和提高全体国民体质的重要因素。所以,我国的健康体育空间设施经营,虽然主要经营对象是不特定的健康体育消费者,但作为健康体育的经营主体,既要考虑提高经济效益,更要考虑提高社会效益。因而必须将设施的经营对象扩大到社会团体,必须根据不同年龄层次健康体育消费者的需求,努力从制度上保证每一位健康体育消费者都能方便地、自由地利用健康体育设备、设施。

---

① 张成.体育产业开发、投资、运营管理与体育项目可行性研究及经济评价手册（第1卷）[M].合肥：安徽文化音像出版社,2003.

4."复合型"经营类型

健康体育设施中的复合型经营,是补充健康体育设施中的俱乐部、学习班、空间设施等各个单体分别独立经营不足的一种主要形态。它采用的是商业经营中最常见的方法,将各个不同的俱乐部、学习班、空间设施等组合为一个经营整体。这种经营形态,虽然经营方法比较复杂,经营难度比较大,但它可以提高设施的经营效率,降低成本,节省开支,确保稳定的经济效益。

健康体育设施的"复合型"经营形态,并不是说"复合型"只能由"空间设施、学习班、俱乐部"这三种经营形态构成,而是告诉大家一种最基本的复合方法。随着健康体育设施产业的发展,它可能还会有更多的形态加入,从而形成一个更利于经营、更加经济、更加实用、更能发挥效率的新的整体形态。

六、休闲体育产业经营结构与组织计划

体育产业经营结构和体育产业经营组织、经营计划的研究,一直是世界各国体育经济学者们最为关注的课题之一。他们从各自不同的研究角度出发,站在不同的立场,提出了各种各样的观点。在我国,随着改革开放的不断深入,特别是市场经济体制的确立、完善,许多领域都发生了翻天覆地的变化,直接影响了我国体育领域的改革进程。20世纪70年代末,我国体育领域以自身内部的"经营创收活动"为起点,开始了体育事业的产业化改革之路。20世纪90年代,实施了职业体育俱乐部制度,开始正式在全国发行体育彩票,根据我国改革开放的发展需要,如何尽快建立起适合我国国情的现代化体育产业市场,如何科学地进行体育产业经营,成了体育系统体制改革的中心问题。

(一)休闲体育产业经营结构概述

体育产业经营,主要是指如何将更多的人吸引到运动场上来,促使他们积极地加入体育运动和有目的的身体活动行列中成为消费者的过程。

1. 经营目标

一般的经营，全体员工都是根据企业事先设定的经营目标，并紧紧围绕着实现这个目标而进行各种各样的活动。因而，经营首先要解决的就是经营目标设置问题，这是所有经营的基本规则。体育产业经营的目标是提高人们参加体育活动的积极性和主动性，尽可能地吸引更多的人加入体育队伍中来，最终实现终身体育的大目标。所以，这个经营目标并没有体育事业和体育产业之分。因此，它是体育事业和体育产业设置具体经营目标的"基点"或"起点"。体育产业的经营目标层次清晰而且统一明确，在获得经济利益的同时创造着社会价值。

2. 经营事业

事业可以简单地理解为只是一种有着明确目标的工作，如果将这种工作看作体育产业，使它定位在体育事业之中，从限定的体育服务形式和最终形成"体育生活、健康生活"结果的角度来分析，这时的体育产业则完全可以被理解为一种带有明显公益性特征的事业。消费者参加体育活动的前提是必须有相关的体育设备设施、机会、服务等。因而围绕提供、如何提供和提供什么样的设备设施、机会、服务等的准备过程，都必须进行各种各样有效的计划制订、组织活动。而所有这些以增强体质、促进健康发展，从而创造、提供人们形成"体育生活、健康生活"环境的活动，即使在体育产业中，也完全有理由称其为"事业"。体育产业经营本身，就包含着服务于体育消费者和服务于全社会两个方面的意义。

3. 经营资源

要想使体育产业长期经营下去就必须拥有各种构成体育服务的资源。如在进行体能练习时，为了提高练习质量，达到最佳的练习效果，除了必须确保体力测量仪器、练习器材、场地设施等硬件资源以外，还要有专门的体能指导方面的资源。作为一个体育经营实体，如果不能保证上述软、硬两大经营资源，事实上就已经失去了生存发展的保证。因此，为了企业的生存发展，必须确保必要的经营资源，适时、适当地调整和补充经营资源。

4. 体育产业经营活动

经营,可以解释为为了实现同一个目标相互配合、相互协作、相互支持、协调一致的工作,或事业,或活动。也就是说,经营离不开组织,是一种强调整体协同动作的集体行为,即使某个人可能提供或制订出非常优秀的经营方案、运动处方等,但这个方案、处方要取得理想的实施效果,单纯依靠个人来完成也是非常困难的。因此,为了减少无效劳动,提高方案或处方的执行质量,保证实现企业经营的总体大目标,一定要先弄清楚开展这项经营活动需要什么样的协作和如何进行协作。[1] 如果组织的成员不熟悉本组织的计划或目标,就不可能充分理解其意义,也就不知道如何进行配合。所以,将努力实现经营目标作为组织全体人员的共同愿望是很有必要的,组织内部成员的职责分工、拥有的权利和应得报酬等因素,都应该作为经营组织的重要活动内容。

5. 经营环境

体育经营环境决定着体育活动项目能否顺利开展,所以,作为一个体育产业经营者,对于要作为经营对象地区的体育设施的发展现状、同类型设施的经营状况、天气状态、地理状况等要有一定的了解。同时,作为经营主体应该考虑具备什么样的外在资源,通过什么样的活动过程,才能满足体育消费者的愿望和需求。一般的经营理论认为,体育产业经营应该是在围绕经营主体的一定环境内进行的,盲目追求超越环境能够适应的经营成果是不现实的。

(二)体育产业经营组织结构

1. 体育产业构成要素

这里所说的构成要素,主要是指经营学中的组织构成要素。它与组织学或产业学中的组织有着明显的不同之处,主要强调"共同目的、协作意识、沟通机制"三大要素。

在体育产业经营组织中的员工,大多带有和组织相关的多样个人目的。但构成经营组织的人员如果参加组织的目的过于分散,实现这

---

[1] 乐后圣.奥运产业化营运:同政府官员与企业人士谈奥运经济[M].北京:中国时代经济出版社,2002.

个经营组织的目的就会变得困难,甚至难以实现。因此,为了实现经营组织的目标,必须在经营组织的全体员工中,明确树立一致的"共同目的",必须使每一位员工充分理解组织的"共同目的",必须激励每一位员工为着实现这个目的而奋斗。而作为经营组织中的管理者或领导者,自己首先应该有带领大家共同实现经营组织目的的积极动机,应该热情地进行业务指导或技术指导,应该充分发挥经营组织领导的个人魅力,带领大家共同进步,应该努力改善、调节工作环境,应该做到奖罚分明等。

经营组织的目的或目标,许多情况下是事先决定的,因而对年度总目标、上年度任务完成情况、下年度的目标修正等新增添或新调整的内容,必须准确、及时地传达给企业的每一位员工,并且努力使他们充分理解,否则将会加大实现总目标的难度。在预期目标的实现过程中,什么地方或哪一点应该明确的而没有明确,为了完成经营组织的目标应该做什么、怎样做,员工完成目标后可以得到什么样的报酬,等等类似的个人意义上的问题处理,如果态度暧昧或政策不当,都可能降低员工的工作热情和工作积极性。因此,经营组织必须建立起构成企业人员相互之间的沟通机制和畅通的交流渠道,防止这类事情的发生。

交流沟通除了影响经营组织构成人员积极的协同欲望以外,在加强经营组织建设上也有着重要意义。经营过程中,为了顺利展开经营组织的各种业务,必须将业务进一步分化。特别是对产业发展、方针战略、经营内容等方面的正确理解和准确转达,以及关于各种经营业务结果的报告等,都是实现经营组织共同目的"交流沟通"中必不可少的活动。经营组织内部这样的交流沟通制度化的组织结构,在一般的常规经营组织结构示意图中,都能清楚地表达。实行分化以后,多种业务之间的联络调整等是提高产业经营业务执行效率的前提。因而将这样的结构作为功能组织结构或组织的业务结构是不可缺少的。但在经营组织的图示中,通常还有一些常规难以表现的交流沟通结构。例如,在组织功能关系以外、作为好友之间关于工作等方面的私下交谈活动。许多学者称之为隐藏的人际关系。交流沟通活动形态的"交流沟通制度",是经营组织功能以外的一种特殊的企业系统组织。因此,在上级与上级、上级与下级、下级与下级之间的日常人际关系中,发现、捕捉隐藏的种种有用信息,促进解决单纯依靠经营组织自身功能难以解决的各种难题,激发经营组织全体员工的积极动机,首先要求企业的经营管理者必须能够充分考虑、正确评价"企业经营组织系统"的全面状况。

2. 体育产业经营组织系统

在所有的经营组织结构图示中,对经营组织功能都有简单易懂的表示。一般的功能组织,都由上级、中级和下级三个层次构成。一般的功能组织成员,同样也可分为上级经营管理人员、中级经营管理人员、下级经营管理人员三个层次等级。这就是人们日常所说的等级组织阶层。各个阶层不同,业务内容、工作性质等方面也各不相同。

在体育产业组织系统中,随着业务量、经营范围、经营内容的不断扩大和增加,很难做到最上级到最下级命令的迅速传达和快速流畅的组织信息交流,必须在这个大系统中进行职能划分,建立经营组织的职能部门系统,一般有中级部门、经营管理部门、组织部门。其中,中级部门是根据各种不同的业务需要和不同的业务内容来设置的,如营业部、后勤部、财务部、销售部等;或者根据运动项目进行设置,如足球部、排球部、游泳部等。现在的体育产业经营,大多采用这种组织形态。这种根据各种专业或业务种类或部门职能进行分类的组织形态,虽然易于提高工作效率,但如果各部门之间缺少沟通,反而更容易降低工作效率,直接影响企业的整体经营效果(见图3-1)。

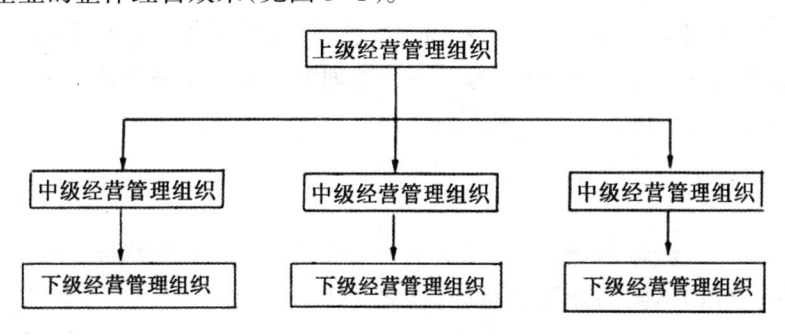

图3-1 体育产业组织系统

(三)体育产业经营计划

如今,体育已经进入人们的日常生活,并朝着成为其中一个有机组织部分的方向发展。体育产业经营,就是促进这个进程或速度的一种组织活动。

1. 体育产业经营系统

体育产业经营的功能是由一系列过程体现出来的。因而体育产业经营管理者每天为了提高工作效率、促进产业发展,连续对预定产业经营计划进行的评价、调整(微调)活动,都可理解为是对整个产业经营计划的评价和调整的过程,是实现整体产业经营目标的过程。

体育产业经营,虽然拥有各种不同的功能,但从不同研究角度出发的学者们,却有着共同的观点,提出了基本相同的构成要素,即制订计划、成立组织、适时调整、控制全局、加强指挥等各种体育产业经营的主要功能。其中计划、组织(或执行)、控制评价(含调整)三种功能是基础功能(当然,其中指挥者和领导者的作用是不可替代、不容忽视的)。在整个系统中,一般称这个基本过程为中心过程。而要使这个中心过程在体育产业经营中发挥更大的效果,起到更加积极的作用,单纯依靠上述三个基本过程或中心过程还不够,还必须依靠财务、事务、周围的体育环境、领导者的作用等与全过程相关的所有活动或过程。

体育产业经营,是由各个过程组合而成的一个完整的系统工程,因而必须对制订的计划是否切实可行、设置的机构是否积极有效、体育参加者的动态是否准确把握、制定的盈利指标任务是否恰当合理、设备设施是否发挥出了应有的效率、计划中的误差是否得到了及时修正等方方面面的资料进行反复、慎重、公正、及时的评价(反省),并且准确、迅速地反馈到下一个计划之中,为下一个计划的修正提供依据和参考,才能保证这个系统更加高效率地运转。

2. 体育产业经营计划构成

体育产业经营计划,根据其内容、时间、目标、功能特征等要素,可以分为各种不同的计划,如我们经常使用的长期工作计划、中期工作计划、短期工作计划;针对解决某具体问题或组织某活动的计划;迎国庆体育促销计划;激发中年妇女参与体育活动计划;等等。但不管什么样的经营计划,最后都要落实在具体时间的范围内来实现这个计划。因此,最大的计划也是从最小的过程开始的,最长期的计划也是通过最少的时间来实现的。所以,体育产业经营计划必须考虑到计划各个过程与过程之间的相互衔接,过程与过程之间的相互配合,过程与过程之间的相互补充,过程与过程之间的相互纠正。必须考虑到计划本身就是一个完全的系统,计划本身也受到各种各样条件因素的制约。

一般体育产业经营计划的构成如表 3-2 所示。

表 3-2　一般体育产业经营计划的构成

计划前提	①基本目标 ②环境的分析、预测,组织和资源的分析、评价 ③现实状况(存在的主要问题)
计划主体	①计划目的 ②计划方针
计划内容	①经营什么? 什么地点? 对象是谁? 怎么经营? 什么时间 ②具体日程细节和具体化的部门责任
经营资源	①经营人员、指导者等 ②设备、设施等 ③经营资金等(预算)
经营成果	①动员新会员人数、设备设施利用效率、控制会员退会率等 ②顾客的满足程度 ③经济效益与发展前景等

3. 体育产业经营计划的制订

体育产业经营计划的制订,一般有以下四个主要阶段。

第一阶段:计划的前提。主要是根据对方方面面客观资料的分析,在准确把握各种经营相关因素的基础上,确立产业经营的方针,设定经营的长期目标、中期目标、短期目标。例如,在环境分析中对设施地区的研究显然带有非常突出的应用性特征。

①周边人口、人口构成、人口流动情况等。

②附近的企业(法人代表)动态。

③交通状态。

④人员流量。

⑤社会特征(经济收入、学历程度等)。

⑥周边环境(同类型的产业经营调查)。

⑦人口年龄结构等。

第二阶段:是指实现长期计划指导方针、目标的扩大、延伸阶段,也是保证长期计划方针、目标落实的具体过程阶段。因此,要求这个阶段必须配合着对计划执行指导者的培养和训练,必须包括在原来计划目标不断实现基础上对新目标的确立和具体过程调整。如果没有这个阶段，或没有积极地研究这个阶段，或没有认真踏实地对待这个阶段，长期计划目标或战略计划目标就会因失去支撑而难以实现。

第三阶段：是指长期计划下的具体小计划，或者说阶段计划、季度计划等。这个阶段的计划，特别强调承上启下的衔接作用。也就是说，这个计划的目标定位一定要准确无误，一定要紧紧围绕计划的整体目标，为计划整体目标的实现做好前期准备，并积极进行适应整体计划目标要求的调整。

第四阶段：在上述三个阶段完成的基础上进入具体实施的阶段。这时计划的重点，已经由原来计划制订或论证的本身，转移到计划的具体执行者了。因此，这时计划制订的任务也发生了变化，主要是提出对执行情况的评价，对计划具体执行状态的修正意见，对调整下个计划的建议、对策等，以保证预期目标的实现，并为下一个长期计划的制订收集资料，在保证本计划顺利实施的前提下，努力做好下一个长期计划的前期准备工作。

第二节　休闲体育产业经营管理的基本理念

随着休闲体育产业的不断发展，休闲体育产业已成为社会经济发展的重要组成部分。由于经营方式是产业经济的重要特征，因此，体育产业的经营理念，便成为体育产业发展与拓展的关键。

一、目标管理

休闲体育产业的发展离不开切实可行的目标，因此必须制定合理的、具体的目标。在制定目标的过程中需要注意以下两个方面：一方面要将目标准确传达给员工，让员工充分了解并贯彻企业相关制度，为实现企业目标而不断努力；另一方面，制定的目标要客观和具体，使各层次目标逐步实现，这样才有利于实现企业总体效益。

另外,体育产业经营管理者在制定目标时还要充分考虑本企业员工的积极性,要采取各种手段与措施激发员工的兴趣,促使其主动参与到体育产业的管理活动中。

二、知识管理

知识管理是一个重要的管理理念,在当今社会背景下,知识管理主要是指对各类人才、各种技术资料、各种信息等各种要素的管理。目前知识管理已成为当今各行业管理的重要内容。

在体育企业经营与管理体系中,知识管理也是重要的组成部分。体育企业要想获得进一步发展,就必须进一步提升企业管理人员的核心能力。这些能力主要包括企业人员的知识获取、知识整合、知识吸收和知识创新等几个部分,这些能力的获取是一个动态发展的过程,贯穿体育企业发展的始终。总体来看,体育企业的经营与管理主要涉及五个方面的要素,即企业文化、高层支持、组织机构、信息基础、激励机制,[①]这五个要素有着极为密切的关系,共同推动着体育企业的发展。

综上所述,知识管理在体育企业经营管理中占据着非常重要的地位,涉及人、财、物以及生产流程、经营行为和营销系统等各个方面的要素,其中企业文化建设、企业品牌的建立、知识产权的保护等都是重要内容,体育企业要引起高度重视。

三、制度管理

人是推动事物发展的重要力量,21世纪最重要的是人才。在体育企业发展的过程中,人才也扮演着十分重要的角色。因此,加强体育企业人才的培养与管理非常重要。而在体育企业人才的管理中,制度管理是必不可少的内容,良好的体育企业制度是实现人才管理目标的重要基础和保障。

体育企业要想实现体育产业发展的目标,不仅要做好选人、用人的工作,还要通过合理的薪酬制度和劳动关系管理来留住人才。只有这样

---

① 彭坤.体育产业的发展及其市场化运营研究[M].北京:中国水利水电出版社,2016.

才有利于促进企业的长期可持续发展。

四、非平衡管理

在以往的传统观念下,企业经营者一般都寻求平衡管理,追求企业的和谐平稳发展。但实际情况是,体育企业一旦进入"平衡"发展阶段,就难免出现效率低下、不便于管理等问题。因此,适当地采取非平衡管理的方式还是非常有效果的。

体育企业非平衡的管理,主要是强调体育企业要以发展和动态的眼光看问题,积极寻求体育企业发展的非平衡结构,加强体育产品或服务的创新,促进体育企业的健康持续发展。

第三节 休闲体育产业经营管理的基本原理

一、人本原理

在体育产业市场发展的过程中,人是重要的主体,扮演着十分重要的角色。因此要贯彻"以人为主"的基本理念(人本原理),充分调动人的主观能动性,进而推动体育产业市场的建设与发展。

人本原理强调人在体育产业管理中的重要性,体育企业中的各类人才,既是管理的主体,也是管理的客体。在产业管理中,要不断完善人的个性,激发人的能动性,实现理想的管理效益,这对于体育企业的长远发展具有重要的意义。

作为体育企业管理人员,要想实现经营和管理效益的最大化,就要始终贯彻人本原理,在这一原理的指导下开展体育企业的各种活动。需要注意的是,在开展企业活动的过程中要遵守动力原则,即物质动力、精神动力、信息动力。人们做任何事情都有一定的行为动机,动机的产生需要内部或者外部的刺激,也就是说人们的一切活动都需要一定的动力支持。

二、竞争原理

要想提高体育企业的管理效益,实现健康持续的发展,就必须要建立一个良好的竞争机制。在这一竞争机制下,能充分激发企业员工的工作热情,使之以饱满的精神投入工作之中。另外,良性的竞争还能增强团队的凝聚力,提升团队的实力,从而最终实现体育企业管理效益的最大化。需要注意的是,体育企业在运用竞争原理时要遵循以下几点要求。

(一)竞争的标准和条件要保持一致

在体育企业发展的过程中,各种竞争行为的目的在于保持发展的活力,增进企业内部人员之间的友谊,培养企业员工的团队精神。只有在竞争的环境下,企业员工才能获得发展和提高。需要注意的是,要想实现企业间或者企业内部人员的良性竞争,就需要制定相应的规章制度,所有的人员都要在规章制度的范围内行事,否则就要受到一定的惩罚。

(二)评价或制裁要公平、公正

建立一个科学合理的评价体系对于体育企业的管理具有重要的意义,在科学的评价体系下,企业员工的工作效率、工作态度等都能被检测和评价,从而能帮助体育企业管理人员更好地组织与管理企业活动。需要注意的是,制定的评价标准要公平、公正、合理。

(三)防止投机取巧、不正之风

体育企业的管理要做到依法办事,保证公信度,在公平的竞争条件下去发展。可以说,树立竞争意识,是推动体育企业快速健康发展的动力。但需要注意的是,这些竞争手段并非最终目的,最终目的是实现企业管理效益,获得健康发展。

三、责任原理

责任原理是指企业为了实现经营管理的最大效益,在合理分工的基础上明确每个部门及人员所承担的责任和义务。贯彻责任原理,体育企业管理者需要做到以下几个方面。

（一）明确职责

体育产业经营管理的过程非常复杂，包括各方面的工作内容，因此一定要做好必要的分工，并且明确各个员工的具体职责。

（二）合理授权

体育企业管理人员要授予员工相应的权力，要结合具体实际进行，不能过度授权，否则就会造成职权的滥用，这非常不利于体育企业管理工作的顺利开展。

（三）奖惩分明

对于体育产业系统来说，要想保证整个系统的顺利运行就必须做到奖罚分明，这样才能充分调动员工工作的积极性，保证及时、高效地完成工作任务和目标。因此可以说，奖惩分明是员工顺利完成既定任务的重要基础。

（四）责任管理制度健全规范

体育企业效益的实现需要所有的员工共同努力，要制定一个统一目标，所有的员工相互合作，共同推动体育企业的向前发展。而要想统一目标，实现共同发展，体育企业管理人员就要事先建立一套健全的管理制度，规范员工的各种行为，明确每个员工的权利和责任，这样才能充分激发员工工作的积极性，实现预期的目标。

四、动态原理

体育企业是一个大而复杂的系统。其中包含诸多方面的要素，也包括各种资源，如人力资源、物力资源、财力资源等，这些要素和资源是处于不断的发展和变化中的。除此之外，体育市场外部环境也会发生变化，因此体育企业管理者要把握动态发展的基本原理，推动体育企业不断向前发展。

（一）合理运用反馈机制

反馈控制原理就是通过各种信息的反馈，对未来即将发生的行为进行人为的干预和控制。大量的实践表明,只有通过不断的信息反馈,才能帮助管理者认清发展中存在的问题,进而采取针对性的措施和手段加以解决,从而实现既定的管理目标。在体育企业经营管理的过程中,可以充分运用反馈机制来控制整个产业系统,从而促进体育产业的发展。

（二）反馈与控制相结合

在体育企业管理的过程中,管理者不仅要利用好各种反馈手段进行管理,同时还要加强系统的控制,总之就是要反馈与控制共同发挥作用,从而实现管理的效益和目标。

（三）保持经营管理的弹性

体育企业的管理环境具有不确定性,因此在开展活动的过程中,管理者要留有余地,保持一定的弹性,根据外部环境的发展和变化采取针对性的措施和手段开展管理活动。

第四节　休闲体育产业经营管理的内外部环境

休闲体育产业的生产和经营活动并不能脱离环境孤立地进行,而是受体育产业环境的制约,与体育产业的内外部环境有着错综复杂的联系。因此,体育企业要尽可能地去影响环境,使环境朝着有利于体育企业经营的方向发展,以提高企业生产和经营活动的有效性。

一、内部条件

（一）内部条件分析的目的和任务

1. 内部条件分析的目的

影响体育企业发展最主要的内部条件是转换经营机制。开展内部条件分析,就是用辩证唯物主义和系统论的方法,对服务和经营、生存和发展的内部条件诸因素进行全面的分析和研究,掌握其经营环境的变化,采取相应的对策,增强内部条件,以最小的投入获得最大的产出,使经营管理成为最好的,使经济效益和社会效益成为最高的。

2. 内部条件分析的任务

掌握包括劳动者、劳动对象和劳动资料三方面的素质,并对素质进行测定、分析、评价,通过与其他经营单位进行对比,找出优势、劣势、差距,采取有效措施,不断提高经营素质及能力。

(二)内部条件分析的内容

体育部门各经营单位,必须努力改变外部环境,同时把重点放在转换企业经营机制上。

1. 经济机制与经营机制

经济机制是指社会经济中有机结合着的各个组成部分和环节,通过互相推动和制约,促使经济运转的具体形式,如计划机制、市场机制、企业经营机制、竞争机制等。它们的具体内容和特点是由经济体制的性质决定的。经济机制的内在功能包括动力功能和协调功能。前者主要表现为物质利益动力;后者是指社会经济发展保持相对平衡和实行资源优化配置的功能,包括企业的自我协调功能和国家的宏观调控功能等。

经营机制的内容主要是由动力机能、自我调节机能、自我制约机能、吸收应用和发展技术机能等相互联系在一起的。企业通过转换经营机制使自身在市场中通过平等竞争,优胜劣汰,优化结构,提高效益,不断满足人们的需要。

2. 转换企业经营机制的障碍

当前,企业转换经营机制遇到了障碍,一些重要的自主权不能落实,对企业转换经营机制在认识上存在着片面性。企业转换经营机制是一项系统工程,不能只强调落实企业自主权而忽略其他方面的改革。如不明确独立核算、自负盈亏责任,自主权就不能落实到企业;企业的法人地位不确立,自主权也不能落实到企业;而政府职能不转变,政企职责不分,企业权利不落实,也不可能承担盈亏责任;企业如果只负盈不负亏,就不能成为真正的经济实体,转换经营机制也不能落到实处,因此不能仅围绕"放松"做文章。政企不分、政事不分、政资不分才是企业经营机制难以转换的根本原因。

3. 转换企业经营机制的途径

转换企业经营机制应从以下几方面着手。

（1）实行分离指导。体育部门的企业由于物质、地位和技术特点不同，应当采取分类指导的原则。既不要求所有企业采取同一途径，也不要求同时完成经营机制的转换。对有些企业应坚持国有国营，对另一些企业可采取国有民营。对刚刚分离出来的事业实体，按其发展情况，逐步转换经营机制，不急于独立核算，自负盈亏。在过渡期内，国家在经费上应给予相应的支持。对有些事业实体如体育场馆，可实行承包、租赁、出售等方式。

（2）企业负责人要提高素质，加强管理。转换经营机制后，重要的自主权落实到企业。企业负责人要提高领导水平和业务素质，只有运用这些权力正确决策，加强管理，提高质量，开发新技术，才能在激烈的市场竞争中取胜。

（3）制定政企（政事）职责分开的"条例"，对政府行为加以约束，在转换企业经营机制的同时，加快政企、政事分开和政府职能转变的步伐。

二、外部环境

（一）外部环境研究的目的和任务

1. 外部环境研究的目的

环境，泛指周围的情况和条件。外部环境研究的目的，是掌握企业周围的情况、条件和其他因素发展变化的规律及其发展趋势，以便做到"知彼""知势""知时空"，为经营管理服务。

2. 外部环境研究的任务

研究目的和研究任务是相互联系的。外部环境研究的任务，在于对环境各种因素的过去情况、现在形势和发展趋势开展系统的分析和研究，掌握发展变化的规律供经营决策者参考。其具体任务有以下几点。

（1）为决策者提供最新信息，保证经营决策的正确性。正确的决策，依靠正确的预测,而正确预测的基础是信息。只有获得最新信息,才能产生科学的预测和正确的决策。

(2)全面掌握外部环境有关因素的变化趋势,保证经营决策的针对性及有效性。客观环境有关因素之间是交错相关的,任何一个因素的变化都将对其他因素及经营决策产生影响。因此,只有对环境有关因素进行综合的、全面的分析,才能掌握因素发展变化的规律及特点,保证经营决策的针对性及有效性。

(3)系统掌握外部环境因素的变化,增强适应性。经营实体作为相对独立的商品生产者和经营者,必然要与外部环境进行信息、物资及能量交换,这就有一个适应和协调的问题。至于如何进行经营方面的预测和决策,对体育部门来说尚缺乏经验,因此,就更有必要调查市场,研究市场,预测市场的供需变化及其发展趋势,以便建立目标市场与市场目标,增强与外部环境的适应性和协调性。

(二)外部环境因素的基本内容

外部环境是由多种因素组合而成的,是企业在经营活动过程中不能回避的。这些外部环境因素可以分为以下几个方面。

1. 体制环境

体制环境包括国民经济体制和体育管理体制两方面的因素。国民经济体制是单一的市场经济体制;体育管理体制则是多元化的,有集中型、结合型和分散型的体制。多元化体制,使企业在多元目标间移动。体育事业目标、经营利润目标、职工收入目标并存,企业在行为过程中就难免在多元化目标间移动。而在不同目标下的企业行为往往不相协调,甚至抵触。例如,在事业目标下,上级主管部门将更多地采用计划调控手段,而企业的经营行为又将更多地偏向利润,从而产生社会效益和经济效益之间的矛盾。又如,在职工收入目标下,企业的分配行为将偏向消费;而在企业成长目标下,企业的分配行为将偏向积累,使积累和消费存在着矛盾。我国体育部门的企业(包括事业实体)还比较少,经济实力还不雄厚,市场体系尚未形成,市场竞争能力较弱,自我生存、自我发展还将有一个过程,还需要进行配套改革,国家还要给予一定的支持。否则,体育部门的企业难以生存和发展。

2. 政策环境

经济政策等对企业的生产经营构成了复杂的环境,直接影响到体育企业的管理策略。经济政策因素对企业活力的影响表现在以下几方面。

(1)对国有企业的政策束缚偏紧,与其他经济成分的企业相比,没有做到一视同仁。非国有企业在采购、生产、销售和分配环节都有灵活的手段,或者没有严格的政策限制,或者政策执行得不严格。而国有企业在每一个环节都有严格的政策限制。国有企业和非国有企业被置于不同的政策性起跑线上。

(2)价格政策、财税政策、金融政策、优惠政策,各地不协调、不配套。在对待承包企业的利润分配问题上,主管部门强调企业多留利,财政部门则强调企业多上缴,银行主张把更多的利润优先用于贷款,仲裁部门难以发挥作用。在优惠政策上各地区也不一样,有的给优惠,有的不给优惠,政策不统一。

(3)政策不稳定。企业对自己的经营前景没有稳定的预期,在有关的行为上也就更多地考虑眼前利益。税收政策、信贷政策经常在变。近几年虽然注意了政策的连续性和稳定性,但仍然存在着"明着不变,暗着变;暗着不变,感觉变"。证明企业对政策的变化非常敏感,即使不变,也有变的感觉。在企业的决策过程中,政策变化已经成为影响因素之一。

3. 市场环境

体育正在走向市场,因而市场环境状况对企业活力会产生显著影响。一个有利于企业经营的市场环境,可以塑造企业良好的行为习惯和行为模式,使企业按照市场规则重塑自身的行为模式,朝着正确、合理的行为方向靠近,这是企业具有长久活力的行为保证。但是,我国现有的市场环境还存在着许多不利于企业建立良好的行为模式从而具有长久活力的因素。首先,从市场总体格局来看,体育市场体系尚未形成,竞争机制对企业行为的制约作用还是有限的,企业的紧迫感、危机感仍然不足。其次,市场交易中的不正常关系影响企业保持长久活力。例如,采购员与推销员之间的不正常关系,企业之间的不正常交易关系。最后,体育市场的发展受经济制约十分明显,各地区经济发展不平衡,市场发展也不平衡,这在一定程度上也影响企业的长久活力。

4. 法制等方面的非经济环境

一些有关企业经营的法律、法规因各方面的社会条件不具备而不完善,建立起来的也难以付诸实施,企业行为缺乏法律依据和法律约束。

5. 时间因素

余暇时间是劳动者进行体育活动最重要的条件之一。劳动者所占有的时间以及对时间的安排受生产力发展的水平、社会经济制度的性质、生活的自然气候条件、各民族的风俗习惯等制约。具体占有多少时间以及时间的安排还取决于性别、年龄、教育和职业等。

同时,随着劳动时间的缩短,非劳动时间还将有所增加。非劳动时间是较零散的,它包括以下四个部分:①家庭到工作地点的往返时间;②满足饮食、睡眠、个人卫生等生理需要的时间;③家务劳动时间;④闲暇时间。

我国城镇居民能够用来进行体育锻炼的时间很少,而只有大中小学生、军队战士和部分离退休职工能有较多的锻炼时间。这是因为我国采用8小时工作制,人们的闲暇时间很少,同时,人们还要把有限的业余时间用于采购、做家务、教育子女和业务学习,只有节假日才能满足自己的业余爱好。这种客观条件,决定了中国人用于体育锻炼的时间大大少于一般发达国家的居民。

我国虽然人均用于体育锻炼的时间很少,但群众的体育锻炼的需求量仍然很大。在农村,农民的体育锻炼时间依季节而定,每逢重大节日,许多地方也组织一些传统的和民族的体育活动,如每逢端午节所举行的龙舟竞赛,春节期间的舞狮子、舞龙灯活动,武术在农村也较为流行。在一些经济发达地区,农村的体育锻炼需求已有猛增的势头。随着我国经济发展水平的提高,用以实现人的全面发展的自由时间将会逐渐增多,将进一步促进体育事业的发展,为体育的经营管理创造更好的外部环境。

6. 社会因素

社会是指由一定的经济基础和上层建筑构成的整体,也泛指同物质条件相联系的人群。从体育经营角度分析,社会因素一般包括以下几方面。

(1)社会体育意识,指对体育功能方面的观点,对体育在国民经济中地位和作用的认识、体育消费意识等。

（2）体育社会化,体育功能全面发挥作用,即体育为整个社会提供服务,整个社会需要体育。

（3）社会办体育,是指社会群体及个人,利用自筹资金办体育,或者利用广告形式赞助体育,或者对场馆建设和大型运动竞赛进行捐赠。

（4）体育道德,包括职业道德、观赏道德、社会舆论等。

7. 心理因素

心理,是心理过程和个性心理特征的总称,包括思维、情感、意志、兴趣、性格、能力等。这些都是经营管理所必须重视的。与体育经营管理有关的心理因素包括以下几方面。

（1）社会方面的心理因素。它包括社会心理、家庭心理、群体心理、个人心理等。

（2）不同年龄层次的人的心理因素。包括儿童心理、青年人心理、老年人心理等。

（3）与经营有关的心理。包括职工精神因素心理、相互协调心理、盈亏心理、物质享受心理等。

（4）商业心理及消费心理。包括消费者购置心理、商品价格心理、广告心理,以及商品命名、商标、包装装潢心理等。

除应当对上面分析的因素进行研究外,对党和政府在不同时期所制定的路线、方针、政策及其具体措施,也必须进行研究。为了在市场竞争中占据主动,还需要开展动向研究,如对体育消费及消费结构的变化、群众体育意识及体育价值观念的变化,都要及时研究和掌握动向,只有这样才能进行科学预测和决策。

三、内外协调发展

内外协调发展,是指外部环境、内部条件与经营目标三者的协调发展,也就是企业的经营决策、战略、方针及计划要与外部环境的变化相协调,并在内外协调中求生存、求发展。协调是动态的、相对的,只有在动态中求协调,才能提高经营效益。

由于外部环境、内部条件和经营目标的变化,必然要引起经营项目和经营重点的变化,这就要求采取新的经营决策加以解决。经营决策的具体内容是：事业指标决策、服务方向与服务质量决策、经营方向与产品决策、产品销售与市场开拓决策、资金筹措与投资方向决策、物资供应与采购决策、成本控制与物资消耗决策、效益决策、目标利润决策、横向联合决策、市场预测决策等。

决策是否正确，是企业外部环境、内部条件和经营目标能否协调发展的关键因素。决策不是一次就算完结，而是要在动态中不断进行新的决策。

第五节 休闲体育产业经营管理的策略

20世纪70年代左右，经营思想开始全面导入体育领域。最早体现经营思想的是欧洲发展全民体育政策中的"为了体育的经营"。经过多年的实践，如今已经基本实现了全球化的发展目标。在大型综合性国际体育活动中，最早的成功商业经营是1964年的日本东京奥林匹克运动会，实际盈利大约7亿5000万日元。最有影响的商业经营是20年之后美国洛杉矶奥林匹克运动会（1984年），标志着体育活动全面走向了商业化的发展道路。

一、新产品和科技开发战略

新产品开发包括引进新科学技术、开拓新产品、研制新产品、增加新系列和改进产品品种等工作。我们应当善于运用信息交合原理搞好产品的构思，创造全国、全世界都欢迎的新产品。

重视科技开发战略，既要重视技术引进，又要重视技术革新。要重视对引进技术的吸收、融合，做到博采众长，自成一家，善于把科学研究成果转化为生产力，大力发展和推广效果好、见效快的科技成果。要重视开发新技术，重点开发电子技术、信息技术和新型材料等。

二、经营战略

"战略"一词原是军事术语,是指对战争进行全面分析判断后所做出的筹划和对策。体育部门不但在训练和比赛中经常运用这个词,而且要在多种经营活动中研究经营战略。经营战略具有全局性,如果某项战略只对一个项目有利而不利于全局的发展,就不能采用。除此之外,经营战略还具有长远性、客观性和应变性。

战略管理实际上是由战略计划发展而来的。国外企业的计划工作大致经历了五个发展阶段,即无计划阶段、预算阶段、年度计划阶段、长期计划阶段和战略计划阶段。虽然战略计划和长期计划都具有长远性,容易被人混为一谈,但实际上它们之间有着显著的区别。

战略计划是一种促进经营产生质变的重点计划,提供新服务,推出新产品,开拓新市场,开辟新财源等。战略计划不只是计划做新的事,而且要计划如何去淘汰那些低效的、过时的、陈旧的东西,强制人们开动脑筋并采取行动。长期计划则着眼于做新的事,而较少考虑如何去摆脱昨天羁绊的问题。①

经营战略一般分为总战略与分战略,总战略是根据经营环境和经营条件而确定的整体战略目标、行动方向以及达到目标的基本对策。分战略则是为了实现总战略而在经营活动的各个领域和环节所分别采取的战略。总战略可分为紧缩战略、稳定战略和发展战略三类。当原来的经营项目处于不利地位而又无法改变时,就可采取紧缩战略,逐步收缩甚至退出原有的经营领域另找出路。如果原来的经营项目已取得稳定地位,而内部条件和外部环境又没有发生重大变化时,可采取稳定战略来巩固维持现有状况。如果原有经营项目不但稳定而且取得了一定优势地位,就可采取发展战略,积极开拓,扩大经营促进发展。

下面介绍的就是几种适合现代企业采用的发展战略模式。

(1)密集型发展战略。密集型发展战略也称深度战略,这是从竞争的角度提出来的。

(2)多角化发展战略。多角化发展战略亦称广度战略,是指充分利用商品、资金、技术、场地、设施的优势,不断向广度发展的一种开拓型战略,这种模式可以分为以下几类:后向型多角化战略,即一体化战略,

---

① 任天平.体育馆运营升级管理模式的构建[M].北京:九州出版社,2016.

是指实行产、供、销一体化经营；同心型多角化战略，是指以主营商品为中心，利用主营商品的优势和特长，向外扩张，这种战略可以促进销售，减少风险；混合型多角化战略，是指以一业为主，兼营其他商品的发展战略。体育实体在经营中，应在坚持"以体为主"的同时，兼营文化娱乐、信息咨询、康复医疗、技术培训等。充分利用经营设施、地理位置，以及人、财资源的优势，向顾客提供各种服务，满足他们的多种需要，促进体育商品的销售。

（3）差异经营战略。差异经营战略也称特色战略。这种战略是从商品构成、商品质量、顾客服务等的一个或几个方面发展自己的经营特色。

（4）重点服务战略。重点服务战略是对某些特定的消费者服务的战略，或者是经营特定的商品品种，或者是提供特殊的服务。如开展以康复为中心的经营活动、以老年人为中心的经营活动等。

第四章

体育健身休闲产业的经营与管理

　　体育健身休闲产业的形成和发展有两个背景。一方面，在现代社会，人们的工作压力、生活压力、环境压力大，身心健康受到威胁，"花钱买健康"成为时尚。体育市场逐步形成，需要发展体育健身休闲产业来满足人们对身心健康追求的需要。另一方面，随着人们对生活质量和生命价值越来越重视，在闲暇时间内，越来越多的人倾向于从事休闲运动、体育健身来满足身心健康、和谐发展的目标诉求。

第一节　体育健身休闲产业概述

一、体育健身休闲产业的概念

体育健身业尽管具有公益性的一面,但主要属于经营性的产业。体育产业是当今世界上最具发展潜力的朝阳产业之一。

体育健身业,有时简称体育产业。在我国,对于其内涵主要有以下三种观点。

（1）体育健身业是体委系统各部门为经营创收而兴办的各种产业。

（2）体育健身业是以"活劳动"形式向社会提供非实物形态的各类体育服务,其产业主体是体育综合服务业。

（3）体育健身业是由体育部门主办的向社会提供体育运动物品和劳务的经济组织。

实际上,体育健身业包括体育健身产业和体育健身事业;前者为营利性、经营性的产业,由市场运作;后者为非营利性、非经营性的社会事业,或由政府为公众兴办,或由机关、事业、企业单位为内部员工兴办,其中以基础性体育为主。因此,体育健身业,又称为体育健身休闲产业,可以定义为提供有关体育健身服务及其体育健身用品的系列企业单位与事业单位的集合。

二、体育健身休闲产业的分类

2008年,我国国家统计局和国家体育总局联合制定并颁布了《体育及相关产业分类(试行)》,其中明确规定根据概念和活动范围可以将体育及相关产业划分为3个层次、8个大类、24个中类和57个小类。其中,体育健身休闲活动被划分为体育服务业。

体育健身休闲产业的主体是休闲体育,而休闲体育又是一类形式多样、门类不同的体育活动的集合。休闲体育的分类又有多种,若以活动的自然环境为标准,可以把休闲体育分为陆地类、水类和空中类;以活动的领域为标准,可以把休闲体育分为室内类和户外类;以活动的追求的目的为标准,可以把休闲体育分为竞技类、健身健美类、冒险类、娱乐类;以体育运动项目的项群为标准,可以把休闲体育分为体能类和技能类。

从与其他行业的差别看,体育健身业主要属于服务性、文化性、休闲性、健康性行业,并具有一定的公益性。无论是竞技观光体育,还是娱乐休闲体育,都为人们健康休闲提供了广阔的舞台,属于休闲健身业的基本行业之一。

第二节　体育健身休闲产业发展现状分析

根据当前我国体育产业的发展状况来看,我国体育产业初步形成了以竞赛表演和健身休闲为驱动,以体育用品为支撑,体育场馆、体育培训、体育中介、体育传媒等业态快速发展的良好态势。我国体育健身休闲产业已经成功发展为市场份额非常大、拥有上万家营业机构的体育市场,总投资额超过2000亿元,年营业额超过600亿元。随着市场经济的发展,我国参与体育健身、休闲、旅游的人数每年都保持增长的趋势。

一、体育健身休闲产业参与人员结构

从参与人员结构上分析,体育健身休闲产业与体育用品、服装鞋帽及相关体育产品的制造业等三大门类相比,无疑具有更好、更高、更灵活的就业弹性。

从劳动生产率上看,我国体育健身休闲产业的劳动生产率指的是单位体育健身休闲产业从业人员所创造出的增加值,即体育健身休闲产业的劳动生产率=体育健身休闲产业的增加值/体育健身休闲业的就业人数。

体育健身休闲产业中的工作机会和种类,视经济发展的程度而定。随着体育健身休闲产业的发展,如体育健身休闲场馆、休闲用品店、传

媒、会展、表演等行业岗位的增加,受雇于营利性商业机构的体育健身休闲专业的人员也在逐年增加。

二、体育健身休闲产业的运转表现

作为体育健身休闲产业发展的基础,与其相关的组织机构也经历了多次变化,产生这些变化的主要原因在于各种组织和机构总是想从各种体育健身休闲活动中取得一定的经济回报。

（一）体育健身休闲产业组织形态

近几年,我国群众在休闲健身娱乐方面的消费支出呈现消费内容多样化的特点,成功吸引了各种社会组织、企业等对其进行投资。与一些受众较广的体育健身休闲项目,如体育休闲俱乐部、娱乐中心、旅游等进行比较,还可以将其细分为保龄球馆、高尔夫会所、体育休闲度假村等。

1. 体育健身休闲俱乐部

体育健身休闲俱乐部是向大众提供参加各种健身、娱乐活动的社会体育组织。相关调查表明,发达国家参加体育活动的组织化人口远多于非组织化人口,而我国体育的组织化水平较低。与过去我国传统的单位体育、社区锻炼点等群体组织形式相比,体育健身休闲俱乐部是一种高级的大众体育组织形式,更能达到体育社会化的要求。

为了在市场竞争中取胜,许多俱乐部都认识到了"多功能"对吸引并长期留住顾客的重要性。为此,不断推出适应顾客新需要的全方位的服务是近年来体育健身休闲俱乐部能够在激烈的市场竞争中得以生存和发展的关键。表4-1是体育健身休闲俱乐部所提供的主要服务项目。正如美国丹佛市国际健身俱乐部经理凯立·伍德所说:"我们为所有的顾客提供身体、心理、精神健康方面的服务。我们不针对重病人,治疗重病人是医院的事。但是我们针对除重病人之外的几乎所有的人。我们通过帮助每个人保持一种健康的生活方式而让所有的人得到身体的、心理的、精神的长期保健与治疗。"正是这些紧跟时代发展的新的思路、新的经营策略使整个体育健身业和许多体育健身休闲俱乐部在激烈的市场竞争中得以长期生存与发展。

表 4-1 体育健身休闲俱乐部的主要服务项目

主要服务项目		
按摩	体重控制	托儿服务
瑜伽术	儿童计划	水上练习
武术项目	少年计划	综合练习
运动处方	老年计划	力量练习
个别训练指导	妇女计划	营养咨询
健康教育计划	特别计划	各种健美操
健康测试与评价	企业健身计划	竞技项目培训

体育健身休闲俱乐部为了自身的生存和发展,一般采用多方位的经营视角、灵活多样的经营形式,其经济来源也是多渠道的,主要包括:政府拨款、个人捐助、承办大型比赛的收入、非体育表演、展览等门票收入、体育场馆使用收费、非体育场馆的经营权出租费。此外,还有会费、餐饮、组织会员旅游、办体育学校、办训练班、广告、电视转播、运动员转会收费等收入。

由单位负担或部分负担健身休闲活动所需费用是现代社会的特点之一。出于增强单位和员工凝聚力、扩大单位知名度、增进单位员工与领导层之间的交流和沟通、增进单位领导的亲和度,以及增加单位员工福利、改善员工精神面貌、消除紧张工作后可能产生的人体疲劳积累等目的,许多企业,特别是知名企业经常以多种形式负担或部分负担员工健身休闲活动费用支出。如单位直接或间接组织异地中远途休闲旅游,用以奖励工作努力、成绩优异者;或者组织全体员工出国旅游休闲,不仅资助全部费用,有条件时还为参与者的家属负担部分费用;或者对参与单位组织的休闲旅游活动员工发放相当于休闲活动所需的旅费、票务费等现金与实物,参与员工本人仅需支付个人自由购物消费费用。

政府对体育健身休闲俱乐部的建设和发展起着关键的作用。只有政府重视并给予政策优惠和资金支持,指派人员参与高层管理,对体育健身休闲俱乐部的发展加强指导,才能确保体育健身休闲俱乐部健康和快速发展。

国家的优惠政策是体育健身休闲俱乐部发展的推进剂。当体育健身休闲俱乐部市场尚未形成、处在萌芽阶段的时候,如果政府给予一定政策的优惠,包括税收、各种费用的减免等,更能增强体育健身休闲俱乐部在社会上的竞争力。

在体育健身休闲俱乐部的经营上,一般坚持"以人为本"的理念,以提高自身吸引力。体育俱乐部的经营、管理如果都从这一点出发,就能吸引更多的人加入其中。无论是项目的设置,各种规则、制度的制定,还是建筑、场地、设施,都要全面考虑用户需求,做到"以人为本"。

2. 体育休闲旅游

当今社会的竞争较为激烈,这使得人们的体力和脑力经常处于超负荷状态,因此,适当地进行休闲是十分必要的,旅游消费已经成为现代人容易接受的休闲娱乐方式。虽然度假中心性质的体育健身休闲设施发展势头较好,但人们仍倾向于选择一些更新鲜的方式。因而,旅游就成了当今社会较为重要的休闲方式。

休闲表现为个人或集体的积极实践,伴随着这些实践的扩展及其所需基础设施的增加,休闲娱乐已成为一个重要的社会现象。在劳动力市场上,旅游业和休闲业是重要的组成部分,它们在世界范围内创造了1亿多个就业岗位。当前,每年外出度假的人越来越多,人数的增加充分说明体育休闲活动发展的速度惊人。

有参与性身体活动的旅游活动同样属于体育锻炼,如徒步、登山、划船等,这些活动都属于锻炼,有益于身心健康。旅游有助于调节神经,促进全身血液循环,提高大脑的反应能力。另外,还能开阔眼界,增长见识。走到户外,走出自己日常生活的小天地,到大自然中去畅游,这是一种惬意的生活方式。

体育旅游是一种生态旅游。"生态旅游业"虽然缺乏明确的定义,却包括了乡间旅游、传统文化旅游和自然旅游。

随着老龄化社会的到来,旅游越来越具有"轻体育"的倾向:不注重运动的形式,种类多样,方式灵活,强度较低,消耗能量较少,轻松愉快,不仅能够起到调节精神与放松心情的作用,还能够起到很好的健身效果,比较适合老年人。

休闲旅游业的传统定义是以旅行为乐。这个行业的企业一般会通过广告与市场营销吸引游客,提高知名度,并且尽可能地提供便捷的交通工具。公共汽车公司有时也为观光旅游设立专项线路。另外,旅行社有时也提供交通服务,或者通过和当地交通运输公司签约提供服务。

3. 大型体育娱乐中心

大型体育娱乐中心在我国还很少，国外的新加坡体育理事会曾在1997年3月以5090万新元（约合3600多万美元）在裕廊东地区的黄金地段建成了体育与康乐中心，把不同的运动设施有机地结合起来，由购票处负责控制和统筹整个中心的安排。该中心建在交通方便的地铁站附近，就像一站式购物中心那样，有各式各样的体育健身休闲设施，收费大众化，有助于提高家庭的凝聚力，也为政府鼓励国人过健康生活、加强家庭联系和增强价值观的政策创造了一定的条件。该中心占地面积4.1公顷，体育设施包括：奥林匹克标准型游泳池和水上乐园，可容纳1500名观众的足球场，可容纳1000多名观众的多功能体育馆，沿途景色宜人的塑胶跑道，健身园地，室外游乐场，门球和地滚球场等。从整个中心的设计安排看，无论小孩还是老人，都能够在这个中心找到适合自己的运动天地。

（二）体育健身休闲市场行为

体育健身休闲市场行为是体育健身休闲企业为了获取更大利润和更高市场占有率所采取的战略性行动，具体如图4-1所示。在实际应用中，体育健身休闲企业需要根据体育健身休闲市场的结构和特征来选择策略。不仅如此，体育健身休闲市场行为通过对其状况和特征产生影响来促进市场结构的调整和完善。目前，美国在对相关产品进行营销和服务时，会采用构建价格同盟的方式来进行，产品价格战对其来说并不是一种非常有效的营销方式。

经过多年的发展，我国在体育健身休闲市场方面也呈现出一种新态势，开始从"少数企业独享市场利润的买方市场"转变为"更多企业参与竞争的买方市场"。但仍需转变观念，根据自己的实际情况开发和创造市场，引导消费者走向更好的消费方向。

在我国，相关产业的竞争已经不再是廉价商品的竞争，而是开始注重产品的品牌建设，不断提升产品品牌的内涵，也就是说，竞争已经开始转移到技术、质量、价格、推广、市场开发、市场竞争能力等方面。随着我国体育休闲市场竞争的日渐激烈，为了更好地提升自己的市场竞争能力以及市场占有率，各家企业除了采取合理的营销方式之外还着力借助企业联合或兼并来实现连锁化经营，以更好地发展自己。

为了提升自身的市场竞争能力,组建区域性或全国范围内的连锁经营集团也是企业发展的必经阶段之一。其中,比较常见的有体育健身业、高尔夫产业和户外运动业。

$$体育健身休闲市场行为\begin{cases}制定价格战略\\产品战略\\销售战略\\投资战略\\研究与开发战略\end{cases}$$

图 4-1　体育健身休闲市场行为

（三）体育休闲产业绩效

在社会主义市场经济的大背景下,如果集中在一起的体育健身休闲产业组织过多,在很大程度上也会削弱企业的活力,从而抑制价格机制在资源合理分配方面的重要作用,并且还会导致低效率资源分配情况的发生。在我国,体育健身休闲企业之间的竞争基本上都是自由的,在这个自由竞争的阶段,不仅市场的集中程度比较低,而且企业之间也面临着非常严峻的竞争形势。企业开始变成价格的接受者,而且价格变得越来越低,成本也变得越来越平均,因此,各企业开始在产品花色、品种、质量、技术、销售及售后服务等方面开展激烈竞争,因此出现了大量的企业破产、企业兼并、新企业成立等情况。这些情况,在某种程度上为我国体育健身休闲产业的发展注入了强劲的活力与动力。

三、我国体育健身休闲产业的发展

体育行业经营管理的目标是要增强为社会服务的功能,而关键路径在于体育行业的产业化发展,除了学校、社区等基础体育以及大型体育赛事主要由政府负责外,其他竞技体育与休闲体育及其延伸、衍生体育行业都可以按照市场规律与规则进行市场化运作,建立有效的经营机制,如美国篮球职业联盟机制,并建立健全相关行业协会,加强行业自律性管理;国家体育主管部门主要从事公益性体育事业建设,进行行政性管理和有关业务指导。

迄今为止，我国体育健身业发展时间并不长，还远未成熟，尚存在一些有待解决的问题，其中主要包括以下几方面。

（1）体育健身业总体规模不大，与发达国家存在相当大的差距。发达国家体育健身业在 GDP 中的比重一般在 1%~3%，我国体育健身业仅占 GDP 的 0.3%，提升空间很大。

（2）体育结构不合理。体育健身用品业与体育健身服务业比例失调，体育健身服务业市场占有率低；所有制结构失调，国有资本在体育健身业中所占比重过高；项目和地区发展不平衡，如乒乓球普及率高，群众基础好，而其他项目缺少市场；我国东西部经济发展不平衡，导致体育健身业发展不平衡；竞技体育发展很快，但是群众体育（特别是休闲体育）发展滞后。

（3）体育产业投资融资渠道不畅，行业限制较多，民间资本进入不畅或成本较高。

（4）体育产业缺乏国际竞争力。体育用品出口以来料加工为主，国际知名中介公司垄断市场，体育产业政策体系不健全，经营人才缺乏。

因此，我国体育健身业要健康发展，提升国际竞争能力，需要从以下几方面入手。

（1）以产业化与社会化为方向，改革国家体育管理体制与运行机制。

（2）适应体育消费市场的同时，引导体育消费市场，通过营销宣传和有效供给激发有效需求。特别是要加强休闲体育的发展，培育群众基础，提升国民体质和生活质量。

（3）通过产业政策与市场机制，培育国际知名的民族体育企业。提高出口体育产品质量，实施多元化市场战略；同时强化自主创新，培育民族品牌体育产品与企业。

（4）全面开放国内体育市场，促进投资融资的多元化。

（5）加强市场监管，通过政策、法规、标准，维护消费者权益，促进消费者身心健康。

（6）采取多种途径，培养体育健身服务人才，特别是体育健身商务人才。

第三节　体育健身休闲产业经营与管理的策略

体育健身休闲活动是"体育生活化"得以实现的重要载体,研究体育健身休闲产业的经营和管理具有重要意义。从20世纪40年代开始到70年代末期,中国体育一直都被称为政府体育部门的体育,体育健身在百姓中的普及度非常低,体育管理的主体也主要集中在各级政府的体育行政部门。改革开放之后,以美国为首的西方国家,通过产业形态促进了体育健身休闲的发展,而我国却依旧处于起步发展阶段,不仅经费短缺的现象非常严重,而且政府行政部门存在"以副养体,多种经营"的情况,这种不规范的行为进一步阻碍了我国体育健身休闲产业的发展。此后40年,我国体育健身休闲产业得到快速发展,基本上实现了"社会办"和"企业办"的转变。与此同时,整个产业规模也得到了不断扩展。不得不提的是,起步阶段养成的政府推进模式依旧留有明显痕迹,严重阻碍着我国体育健身休闲产业管理水平的提升和发展。

在当前市场经济体系中,市场调节并不是独立存在的,它和政府干预、自由竞争以及宏观调控之间的联系非常密切,四者相互交织,缺一不可。只有在某种严格的假设条件之下,市场机制的完全有效性才能成立并且被充分发挥出来,而完美无缺的政府干预也仅仅与理想的政府管理相联系,市场调节和政府干预并不完善,都存在非常明显的缺陷和失灵。因此,最重要的就是寻找二者之间的最佳结合点,在政府干预并弥补市场缺陷的同时把控好市场。

一、政策调控

技术的变化对体育健身休闲产业的冲击很大,体育健身休闲经营管理者应对产业及经济环境有更多的了解。国家应通过对体育健身休闲的立法,对地方政府产生导向作用,使人们对体育健身休闲有更好的认识。体育健身休闲管理领域的社会参与,也能提供更加丰富的体育健身休闲的产品和服务。

针对目前体育产业五花八门的统计数据,我们需要使体育统计的一般分类标准和国际接轨,建立对体育健身休闲产业相对准确的评价方法和科学的评估体系。该数据可用于经常性地评价所制定政策的效果,并可随时修正,以便有效地指导政府的调控方针。

体育锻炼在不同人群中的参与度差异显著,政府应及时调整政策,合理地划分有关资源分配。政府在指导社会各阶层人士参与体育休闲活动时,既要对高收入阶层参与的高消费休闲活动给予税收方面的调控,也要对一般收入的人群给予积极鼓励,更要对低收入弱势群体的体育健身休闲权利给予福利性的稳固保障。

（一）确立体育健身休闲产业在国民经济体系中的战略地位

在美国的国民经济体系中,体育健身休闲产业占有非常重要的地位,基本上已经发展成推动美国国民经济和社会发展的一个重要环节。因此,体育健身休闲活动的经济功能应该被重视起来,逐步将其列入政府的工作目标当中,并制订一些中期和长期的发展规划。在我国,政府部门已经将文化事业和文化产业列入国家国民经济发展五年计划当中,将其提升到了一个重要的战略地位。但是,文化事业和体育事业之间的交叉点比较多且常结合在一起,因此需要在研究二者关系的同时,进一步考虑如何才能更好地提升其在国民经济生活中的地位。

（二）重视政府对体育休闲产业的调控作用

在从体育健身休闲产业的萌芽、成长到成熟的各阶段,各级政府部门应该有效发挥其管理权限,共同促进体育健身休闲产业的健康、快速发展。所以,在对体育健身休闲产业进行管理的过程中,首先要做的就是认清自身角色,通过正确而积极的举措来促进该产业的发展,避免由于功能缺位等问题而阻碍该产业的发展。各级政府应当加强思想建设工作,提升对体育健身休闲产业的认识,树立起体育健身休闲是公民基本人权的意识。同时,还应该提升政府管理职能,从和谐发展、精神文明建设的高度来践行管理职责。政府部门还应该从人民享受体育休闲以及进行体育健身休闲消费等方面存在的问题出发,坚持并行体育健身休闲产业化和市场化的方略,明确管理范围和管理权限,不断加大对该产业的财政投入,从资金层面上确保该产业健康、可持续地发展。

(三)保持体育健身休闲产品与服务的供需平衡

想要保持好二者之间的供需平衡,需要从以下几个方面来进行。第一,加强对体育健身休闲主体以及行为的引导作用,明确影响其发展的障碍性因素,针对这些因素制定应对措施,一步步提升大众对其产品与服务的需求。当前,我国在很多方面都可以对体育健身休闲产品与服务需求产生影响。如我国的节假日制度和体育健身休闲政策法规并不完善,这就需要国家加强立法,从根本上解决这些问题。只有这些问题解决了,才可以激发人民群众在体育健身休闲产品与服务方面的需求潜力。第二,加强对体育健身休闲产品与服务供应的管理,尤其需要加强对产业规划以及相关产品质量的管理,从而促进产业的全面发展,提升其市场竞争力,满足人民日益增长的体育健身休闲产品与服务需求。

(四)加快体育健身休闲私营企业和志愿者服务机构的发展

在体育健身休闲产业的发展过程中,政府部门可以加大对一些体育健身休闲私营企业的扶持力度,帮助一些企业更好更快地成长起来,从宏观方面为我国体育健身休闲产业的发展以及私营经济成分的壮大营造良好的环境。国家有关部门应该对体育健身休闲非政府组织的发展给予支持,如各种带有公益性质的体育健身休闲俱乐部、基金会、志愿者协会等,同时帮助这些机构进行结构优化,帮助其朝规范化方向发展,倡导这些组织对我国体育休闲消费者权益的维护和保障做出自己的贡献。

二、体育健身休闲行业的管理

《加快发展我国第三产业的研究报告》中指出:"形成多种形式的文化、娱乐、体育活动网络,初步满足居民闲暇文体活动的需求。"这就需要进行体育健身休闲行业的管理,重视大众体育中的游戏因素,用趣味性的身体活动来吸引更多的人。而在实施过程中,加强对体育健身休闲行业的管理,是保障人们真正享有体育权利的重要环节。

（一）社区体育健身休闲产业

在欧美等发达国家，健身休闲娱乐社区管理极为重要。都市化趋势的发展，带动了大小城镇的社区建设。社区的完善，必须依靠建设体育健身休闲设施（见图4-2），并形成相应的产业。政府投资建设的健身休闲设施主要是公共产品，为公益事业服务，但易受到市场经济的制约，并且需要大量的人员来发展和管理。目前我国，许多公司和工厂自己雇用专业人员来开展公司内部的竞技运动活动，满足员工娱乐的需要，增进员工的健康（见图4-3、图4-4）；学校常常开展大型的校内休闲娱乐项目（见图4-5）。

图4-2 健身休闲设施

图4-3 公司内部的健身房

图 4-4 公司组织的户外运动

图 4-5 学校操场

(二)体育俱乐部及健康产业

作为体育健身休闲的基本单元和运转载体,体育俱乐部近年来如雨后春笋般出现。包括俱乐部在内的体育健身休闲服务业,可以称为健康产业。政府管理部门对于体育俱乐部以及与之相联系的体育社团,应积极引导和鼓励其发展,切忌对其干涉甚至包办。体育社团代表的是一种社会自治,只有具有自我理性精神才能自强、自立、自益。

从发达国家的情况看,体育俱乐部可以提供的职业有俱乐部经理、私人教练、健身指导、力量和状态指导教练、运动生理学家、设备设施经理、项目指导以及咨询顾问。大多数体育俱乐部都雇用一些专家作为俱乐部的顾问对教练员进行训练指导。对于特定的运动项目来说,这些教练要有较高的技术水平,拥有体育教育的背景。有一定规模的高级体育俱乐部组织一般具有以下组织结构,如图4-6所示。

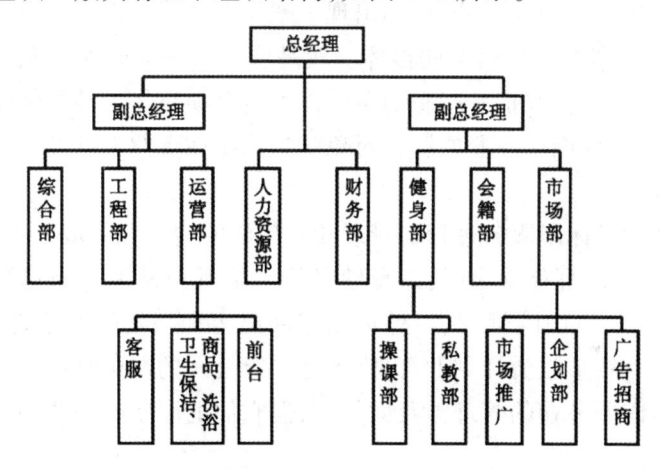

图4-6 高级体育俱乐部的组织管理结构示例

对健康指导师的需求从20世纪80年代开始在发达国家兴起,一直持续至今。目前我国体育院校培养的人才也开始在大城市涉足这个领域,体育管理专业和运动医学结合的培训在体育与健康行业中大有用武之地。休闲娱乐的培训还可以使从业人员发现一些从未遇到过的问题,而这些问题的逐一解决将使得经营成功的机会大大提高。

体育健身休闲场所可分为公益性质的和商业性质的。前者被划分在公共体育健身休闲场所的范围之内,其日常维护所需要的资金基本上来源于国家、省级和地方的财政拨款。也有一部分公共体育健身休闲场所会向使用者收取一定的费用,并将其用于日常维护、设施建设以及提升服务质量。当前,我国正在大力发展市场经济,在此前提下,可以尝试使用承包、租赁等方式来对公共体育健身休闲场所进行建设、维护、经营。对于那些具有商业性质的体育健身休闲场所来说,它们则应该根据市场规律按照企业形式进行经营。对于该类型体育健身休闲机构或者场所来说,它们在进行财政管理时,应该从制定预算、扩展业务增加收入、加强项目推广和广告、留住游客或者会员、更新设备等方面着手。

三、体育健身休闲服务过程的管理

随着工作时间的相应减少,共同分享工作的时代已经来临。在欧洲各国分享工作已被普遍接受,休闲的行为变得越来越普及。在发达国家,人力资本投入与劳动力素质的差异形成了经济福利的差别,从而造成人们在休闲行为上的分化,即出现了率先以休闲为生活中心的和仍然停留在以工作为中心的不同群体。较高收入的一部分人率先过上了高质量的休闲生活,并把一些高消费的体育运动项目作为健身休闲娱乐的内容,而健身休闲服务业的服务对象就是这些在事业上已经有所成就的个人和群体。

体育健身休闲服务过程的管理涉及广泛的内容和领域,主要有体育健身休闲指导的专业认证、体育健身休闲场所和设施的修建和维护管理、户外活动组织的管理、户外运动用品出售和租赁的安全性监督、观赏大型体育赛事旅游计划的管理、大型国家公园的游乐管理等。虽然体育健身休闲服务业的管理涉及面较广,但它们的原则是一致的。

(一)功能因素与步骤

功能因素与步骤包括以下几个方面。

制订计划:包括制定目标、创造实现目标的条件、选择实现目标的行动路线、启动将计划转化为行动所需要的活动、评估计划的结果。

组织:将和该项任务有关联的所有人通过某种方式联系起来,以便更好地进行任务目标。在这个过程中,可以将所有人员划分为小组和个人两种形式,并对这两种形式进行协调。组织还涉及如何建立管理权。

对人力资源进行调配:将那些有突出贡献或者工作称职的人员挑选出来,保证任务可以顺利进行。如果能够做到有效配置人员,那么将会在很大程度上提升员工的满意程度。

领导：提升个人或者小组工作积极性的关键，好的领导能让员工积极努力、心甘情愿、和谐认真地完成计划目标。

控制：为有效实现目标而建立的。包括建立标准，将量化的业绩和建立起来的标准进行对比，找出其中存在的问题并提出解决方案和措施。

决定：管理部门和管理环节的纽带，具有关键性作用。管理人员在进行人员调配、任务制定、计划制订等方面必须作出决定。

（二）目标管理

体育健身休闲服务业采用目标管理原则，能够非常有效地将个人目标和整体目标结合起来。目标管理则能够在很大程度上平衡员工个人目标和团体目标，使二者能够更加有效地配合，是一种参与型管理方式。目标管理的理念是管理者和下属共同参与，将总体目标转化为员工个人的目标。和管理者单方面确立目标，并且强制让自己的员工接受该目标进行比较，管理者和员工互相确立和接受目标能够让员工承担起更大的责任，在这个过程中，员工会找到自己的个人目标，更有效地与工作目标结合起来。此时，员工往往会有更好的表现。

目标管理通常有以下五个程序。

第一，和员工讨论工作要求。

第二，明确员工的工作目标，该目标一定是明确的、简单的、可以实现的，甚至可以具有一定的挑战性。另外，员工的目标一定是和体育健身休闲场所的总体目标相契合的。

第三，和员工一起讨论目标。

第四，管理者和员工在验收标准方面一定是意见一致的。

第五，在结果评估的时候，一定是管理者与员工共同进行的。

目标管理的内容主要可以分为四方面，分别是契约、授权、结果评估、业绩与报酬及晋升挂钩。

契约就是在规定的时间内，管理者需要向下属传达在该段时间内所需要完成的任务。下属接受并且明确该任务之后，需要积极认真地投入到任务中，并在规定的时间内完成。

授权就是在管理者向下属传达任务之后，应该给予下属一定的权力。在契约规定的时间之内，管理者最重要的一个任务就是保证任务的顺利完成，并且对任务完成的过程进行监督和管理。

结果评估就是在任务完成之后,管理者需要和下属认真讨论该任务完成的成功和失败原因。评估结果将会成为下一期契约的根据。

业绩与报酬及晋升挂钩就是指在通常情况下,评估结果是衡量一个员工工资、福利、晋升计划等的重要参考。根据评估结果,管理者还可以恰当地对员工的数量、经营策略等进行有效调整。

(三)责任范围

体育健身休闲服务的经营管理者需要收集以下资料,并且针对自己的具体情况做出决定。

1. 负载能力

管理者应该对其管辖范围之内的体育休闲服务场所所能容纳的最大人数进行估算,这种估算是在保证安全的情况下进行的。在日常管理中,场所的负载能力决定了其参加者的数量,合理的容纳率可以帮助体育休闲活动更加安全地开展,从而降低发生事故的概率。

2. 使用率

管理者应该对体育休闲场所和设施的使用频率进行估算。在这个过程中,一般会参照三个指标:第一,体育健身休闲设施游览总人数,即相关场馆和设施的使用人数;第二,每小时人数,即在规定时间内可以容纳参与体育健身休闲活动的项目数,时间通常为1小时;第三,估算的方法有两种,一种是算人头数,另一种是抽样估算。

3. 使用者费用

具体包括门票、入场费等。费用的多少很大程度上取决于体育健身休闲场所以及与其对应的配套设施性质。通常情况下,民营体育健身休闲场所费用的变动比较大,常根据市场发展状况进行调节。这种收费能够帮助经营者稳定消费者,同时让经营者获取一定的利润。对于一些公共性质的体育健身休闲场所来说,费用情况通常是由政府来决定的。如果当地的财政来源比较稳定,那么就会免费提供给当地人民使用。但是,为了更好地维护设备,也可以采取限制人数、适当收取费用的措施。

4.游客管理

对游客进行妥善管理的最终目的是让游客能够在体育健身休闲场所中玩得愉快。所以,在场所内需要对各种器械的使用说明和方位等进行标注,帮助游客轻松找到自己所要参加项目的地点。一些特殊器械的使用,还应该配备专业人员对游客进行指导。在讲解过程中,工作人员要热情礼貌,对客人提出的问题要详细讲解。场所内的一些辅助性设施,如餐厅、礼品店等一定要做好配合工作,共同满足游客的需求。

5.风险管理

就算设施再精良的体育健身休闲场所也存在发生伤亡事件的可能性。所以,进行风险管理是非常有必要的。体育健身休闲场所要经常进行安全检查、职员培训、意外事故处理训练等。不仅如此,管理者还应该考虑制订保险计划,以便应对出现伤亡事故后对游客的赔偿情况。

(四)安全意识和法律意识

在体育健身休闲服务管理中,还有一项非常重要的内容,那就是安全意识和法律意识。在管理中一定要增强安全意识和防范意识,杜绝意外事故的发生。根据一项调查发现,在很多体育健身休闲活动中,酒精是造成伤亡事故的一个重要因素。所以,体育健身休闲管理部门应该针对这种情况制定相应的检查措施,如在客人进行体育健身休闲活动之前对其进行酒精测试等。休闲服务管理者需要对保险和法律有一定的了解,一旦出现伤亡事故,一定要在国家相关法律法规的规定下进行责任认定,并且妥善处理好赔偿事宜。

(五)质量评估

体育健身休闲服务业的质量评估主要有三方面内容:第一是对机构进行评估,第二是对设施进行评估,第三是对员工和计划项目进行评估。通过评估,管理者可以更好地明确项目哪些方面需要进行修改,哪些方面是可以继续进行的,哪些方面是需要撤销重新评估的。它分为以下几种。

1. 机构质量评估

即对特定的体育健身休闲机构,如健身中心、俱乐部、游乐园等进行评估,重点评估其经营理念、经营目标、管理结构、人员配置等。专家小组在评估时,收集资料可以通过访谈进行,也可以通过观察进行,主要资料包括安全措施、设施使用率、游客数量、服务态度、设施的维护保养情况等。根据收集的资料,可以更加准确地得出评估结果。

2. 设施质量评估

在计划制订标准的前提下,管理者需要对每个项目设施进行核查,重点检查该设备是否可以保持清洁、是否可以正常使用、是否能够进行及时有效的维修、是否具有完备的安全设施等。

3. 人事评估

评估的重点在于员工工作的数量和质量情况、完成目标的效率情况、员工之间的关系是否融洽、是否能够遵纪守法、是否值得信赖等方面。管理者可以用定性标准来对员工的表现进行描述,常见的这类定性标准有"优秀""满意""需要改进"等。当然,管理者可以通过分值来对员工表现进行评判,如可采用5分制、10分制或者100分制进行业绩评估。此后,管理者和员工一同对评估的结果进行讨论,指出员工在工作中的不足之处,并且要求其在规定的时间内进行调整。

4. 计划项目评估

体育健身休闲机构的运作基础是计划项目。对计划项目进行评估就是对每一项计划项目所达成的效率进行评估,通常情况下,这种评估可以借助一定的技术来完成,常见的有差异评估、专业人员裁决、社会经济评估等。

在体育健身休闲的中观和微观管理方面,我们需要认真学习发达国家成熟而先进的管理技术和经验;而在宏观意识上,我们应该找回传统文化的根,用东方文明的精髓促使体育健身休闲活动在和谐社会得到健康发展。

第五章

体育竞赛表演产业的经营与管理

在整个体育产业中,体育竞赛表演产业具有非常大的社会效益和经济效益,这也使得体育竞赛表演产业占据了主体地位。本章主要从体育竞赛表演产业概述、体育竞赛表演产业发展现状分析、体育竞赛表演产业经营与管理的策略三方面对体育竞赛表演产业的经营与管理进行研究。

第一节　体育竞赛表演产业概述

一、体育竞赛表演产业及其演进路径

无论过去还是今天,无论国外还是国内,人们大都认同这样的划分,即现代体育或体育活动由大众体育与体育竞赛表演两大部分组成。

毫无疑义,在社会生产力水平很低的环境中,人们从事的体育活动与人们为了生存而从事的劳作是分不开的,即便是体育竞赛表演运动,如赛马、马术,也只是属于生存性劳作的衍生物,且大都出于休闲娱乐的目的。在小商品经济社会中,体育活动的基本属性没有改变,但通过某种体育竞赛表演活动,获胜者能够得到精神与物质的某种奖励,表演者可以获得一定的收入并以表演作为谋生的手段,体育竞赛表演开始具备职业化的条件。当然,当时的体育竞赛表演只是集合表演性质的活动,与现代体育竞赛表演的主流内容还有明显差别。

在商品经济社会中,纳入商业活动的内容越来越多。体育活动在保留娱乐性、大众化的同时,体育竞赛表演的商业性质逐步加大,尤其是工业革命引发的城市化进程,大量农业劳动力转移导致城市人口激增,观众或潜在观众群在扩大、集聚。这样,以谋生为目的的体育竞赛表演活动在市场化、职业化方面具备了更好的发展氛围。

休闲体育产业的演进历程表明,体育、体育竞赛表演要演变成一个行业,并进入产业化发展的轨道,在生产力水平、社会分工和消费能力低下的早期还无法达到,只有在市场经济体制中,生产力、社会分工和消费水平达到一定高度,符合市场配置资源、市场实现投入产出平衡机理之后,体育竞赛表演才可能成为经济学意义上的产业,体育竞赛表演活动才可能将比赛和表演作为一种专门的职业并融入产业化的营运发展之中。因此,体育、体育竞赛表演与体育产业的范畴是既密切关联又有差别的,体育产业源于体育活动,根植于体育竞赛表演,又超出了体育竞赛表演的范围。在上述关系中,体育竞赛表演是一种活动但首先是一种社会资源,这种资源可用于商业活动,也可用于非商业活动。①商业性体育竞赛表演活动能否成为专门的产业并形成若干具体行业,则始终取决于一定范围内的经济社会环境和资源,取决于消费能力和消费资格的持续性。

二、体育竞赛表演产业的概念及其属性

体育竞赛表演作为体育活动的核心类别,是以竞赛夺标或竞技表演为主要内容的多种体育活动的统称,它们构成了竞技体育产业的基本属性。目前,体育竞赛的具体种类有很多,有世界性的,也有地区性的;有综合性的,也有单项性的;有职业性的,也有非职业性的。奥林匹克运动会是涉及赛事项目最多的国际体育盛会,各国、各地区都有各种类型的运动会,足球、篮球、田径等是最典型的专项竞技体育,它们具有国际性和规范性。体育竞赛表演构成了竞技体育娱乐休闲的一面,内容也很多,但在更大程度上与国别、民族、传统习俗和赛事活动的目的有关,主要是单项性的竞技表演。

第二节 体育竞赛表演产业发展现状分析

近些年,我国政府及相关部门制定和发布了一些有利于体育产业发展的政策与文件,但需要注意的是,因受各方面因素的制约和影响,当前我国体育竞赛表演产业仍然存在不少问题,主要表现在以下几个方面。

一、产业结构不合理

就目前来看,由于体育竞赛有着巨大的经济效益和社会效益,因此体育竞赛表演产业在整个体育场中也占据着重要地位,这一点在欧美发达国家中表现得尤为明显。与体育产业发达国家相比,我国体育竞赛

---

① 唐豪,魏农建.中国竞技体育产业市场研究[M].上海:学林出版社,2005.

表演产业发展较晚,体育竞赛表演的具体运作方面还未完全规范化,同时,我国运动员的体育竞技水平还需要进一步提高,因此限制了我国体育竞赛表演产业的进一步深入发展。另外,我国体育竞赛产业中的绝大部分都是体育用品制造业,欠缺其他产业结构,这也从侧面反映出体育产业结构的合理性需要得到进一步提高。因此,我国体育竞赛产业的发展需要制定一个合理的目标,要不断转变经济发展方式,重点发展服务业的第三产业经济,形成一个科学、合理的体育产业结构。

二、区域发展不平衡

我国地区经济发展和制造业发展不平衡的现象,导致了我国体育竞赛表演产业的发展也是如此。体育竞赛表演产业的快速发展离不开体育用品业,就目前来看,我国的体育用品生产主要集中于东南沿海一带,大部分体育用品制造公司也分布于此。纵观近年来我国体育赛事的举办,一些大型的竞技体育赛事往往会优先选择北京、上海、广州等大型城市,因此配套设施和体育用品业的区域发展不平衡也制约着我国体育竞赛表演产业的发展。

三、行业垄断壁垒较多

目前,我国经济体育产业发展过程中面临着很多迫切需要解决的问题,如需要进一步提高市场化程度,需要进一步提高市场机制运行的畅通性,需要打破行业垄断,需要缓解地方保护,需要改善经营限制等。对于一些体育运动项目来说,其相关管理中心等准行政机构会采取一些行政措施来对项目市场进行分割和垄断,这使得项目市场的有效发展在很大程度上受到制约。

四、存在严重的信任危机

整个体育竞赛表演产业市场的发展活力不足,难以吸引消费者参与其中进行消费,存在着严重的信任危机。

（一）体育竞赛表演制度缺乏稳定性

当前我国体育竞赛表演处在转型发展阶段，缺乏健全和完善的法律法规，为促进体育竞赛表演产业的发展，我国政府及体育部门要联合起来制定和完善相关制度，确保制度的有效性和可执行性。以我国职业足球为例，我国职业足球的发展历史颇为坎坷，在发展的过程中曾经走过许多弯路，围绕着赛事的赛制、裁判、转会等问题做过诸多调整，赛制也进行过多次修改，如在国家大赛举办期间，一些联赛需要暂停，并在很长一段时间内处于被肢解的状态，同时升降级制度也会被随意取消，这对于我国职业足球的发展都产生了不良影响。

以上问题都反映出我国体育竞赛表演制度还有待于进一步完善，在制定相关制度后，还要强化制度的长期性与稳定性。当前我国体育竞赛表演制度缺乏必要的稳定性，亟须进一步规范。

（二）产权制度权责不明晰

在体育竞赛表演产业发展的过程中，存在着不少问题，其中产权制度权责不明晰就是一个重要的问题，这一问题在很长的时间里都没有得到很好的解决。导致这一问题的主要原因在于国家的干预与调控。例如，体育企业耗费大量的资源经营与管理企业，其主要目的在于获得丰厚的经济利益，但受政府的干预，体育企业并不能获得所有的利润，其中一部分要与政府部门所共享。这种情况非常不利于体育产权主体积极主动地去寻求创新与发展，导致它们无法长期保持一种和谐稳定的姿态去发展，这对于维护自己的形象也是十分不利的。总之，产权制度权责不明晰是制约我国体育竞赛表演产业发展的重要因素，需要引起重视。

（三）政府过分管制，且管制效率较低

一个企业要想获得健康、持续的发展，其根本在于讲究信誉、重视合同、履行契约。但是当前我国的体育竞赛表演发展水平还不高，还存在着较大的缺陷，所以需要政府的介入来促进体育竞赛表演产业的发展。政府在体育产业中所起到的管制作用不是很合理，有时候会出现违背市场规律的情况。在当前我国体育竞赛表演产业发展的背景下，政府管制在其中还起着重要的作用，但无法解决体育竞赛表演产业市场中存在的

各种问题,有时候政府的过度干预还会在一定程度上影响体育企业发展的主动性,因此应加强政府行为的规范化建设,逐步放开对体育企业的限制与管制。

第三节 体育竞赛表演产业经营与管理的策略

一、完善体育训练硬件设施条件

(一)大力促进公益性体育硬件设施建设

1. 加大资金投入

政府是公益性体育硬件设施建设的主要承担者,有为体育硬件设施建设"买单"的义务。为了促进我国体育事业的发展,为我国竞技体育培养后备人才,政府需要加大对公益性体育硬件设施的资金投入,改善目前我国体育硬件设施数量不足的问题。首先,政府可以将对体育设施建设的资金投入纳入各级财政预算之中,并根据具体情况调整体育设施投入资金在财政支出中的比例;其次,在作为主要投资者的基础上,政府可以利用各种优惠政策,从社会层面吸纳体育设施建设的资金,形成以政府投入为主、多种投资渠道并存的多元投资。

2. 充分发挥公共体育设施的功能

各类体育硬件设施要充分发挥其优势,在坚持体育功能的基础上,开发多元化的功能,形成"多业并举"的综合性功能;盘活存量资产,完善配套服务,开展多种经营,增强自身"造血"功能,成为体育产业的主场地。

(二)引入市场调节机制,促进场地设施"社会化"

随着社会经济发展的深入,人们对生活质量的要求也在不断提高,健康已经成为人们的普遍追求,人们的健身消费也在不断提升。随着这种消费趋势的出现,越来越多的社会资本逐渐进入体育健身行业,市场上出现了健身房、健身俱乐部等商业化健身场所。这些健身场所以及它们内部的健身设施的出现,在很大程度上弥补了我国公共健身设施的不足,为人们提供了更加充足的健身场地和设施,也给了人们更加专业和多元化的选择。调查发现,人们对商业性健身场地和健身设施的接受程度正在不断提高,在未来的社会发展中,这些商业性的健身场地和设施可能会成为人们运动健身的主流选择。

在完善体育训练硬件设施的过程中,可以将商业化的体育场地和体育设施建设纳入规划中,利用市场对资源配置的调节作用,继续吸引商业资本进入体育健身领域,逐渐形成以商业化、专业化的体育硬件设施为主,以公益性的体育硬件设施为辅的硬件设施体系。

(三)促进农村体育设施建设,开发户外运动场地

1. 促进农村体育设施建设

新时期,农村居民对运动健身的需求也在不断上升,为了满足这种需求,必须促进农村体育设施的建设,将农村作为体育设施建设的主要阵地之一。应该坚持以地方拨款为主,广泛吸收社会投资,中央适量给予帮扶,有序建设具有当地特色的、符合农村居民运动健身需求的体育硬件设施,改善农村居民运动健身的条件,促进体育运动在农村的开展。

2. 开发户外运动场地

开发户外运动场地是体育训练硬件设施建设的一个重要思路,一方面能够充分实现各种户外场地的功能,另一方面能够建设数量更多、种类更加齐全的体育硬件设施和体育运动场地,为居民提供更多选择,吸引居民参与到体育运动中去。在开发过程中,可以将广场、公园、各种自然区域纳入考虑范围之内,在不扰民的原则之下,根据居民的需求建设体育硬件设施,打造运动场所,为居民创造良好的健身环境。

(四)推动学校体育设施向社会开放

学校是一个地区内体育设施建设的重点单位,具有充足的体育设施资源,向社会居民开放学校体育设施能够有效防止学校体育设施的闲置和利用率不足问题,也能缓解社会体育设施建设不足的压力。自从国家

体育总局在2006年促进第一批试点学校向社会开放体育设施之后,这种举措就开始在全国各地推广开来,并且取得了良好的效果。相关调查显示,在某些地区,学校已经成为居民开展运动健身活动的主要场所。

在促进学校向社会开放体育场所和体育设施的过程中,要加强教育部门和其他政府部门之间的联络,做到互通有无,共同管理,做好开放之后的管理和运行工作。开放必然会带来管理难度的提升,如何处理好学校和居民之间的关系将成为一个重要的问题,既要为社会居民提供便利,又要保障学校的秩序和学生的权利,这是贯穿整个开放过程的疑难问题和基本要求。此外,还要在开放的过程中明确各个责任主体,解决比如"谁来承担体育场地和体育设施的维修费用"之类的问题。

总的来说,推进学校体育设施向社会居民开放是一个大胆而有创意的举措,虽然为学校管理带来了一定的难度,但是对于响应我国"加快建设体育强国"的号召,促进我国体育事业发展具有重要意义,为我国培养竞技体育人才提供了良好的社会物质环境。

二、优化配置竞技体育物质资源

(一)体育资源配置的研究

1.体育资源配置的类型

目前,体育资源主要有三种配置方式,分别是市场配置方式、计划配置方式和混合型配置方式。

(1)市场配置方式。市场配置是指市场主体根据市场价格的波动和市场供求关系的变化,将资源配置到供给不足、需求旺盛的商品部门之中,从而对经济起到调节的作用。市场具有逐利的本质,在一个充分竞争的市场环境之中,人们会为了追求更多的利润将体育资源配置到获利更多的部门和地区,从而引起市场上体育资源供求关系的变化,再进一步影响到体育资源的价格,从而促进体育资源在市场上的流动,完成对体育资源的市场配置。其中,在市场资源配置的过程中,能够最直接反映供求关系的指标就是价格指标,商家能够从价格的变化中知晓资源的稀缺程度以及需求程度,从而决定生产,促成体育资源向稀缺的部门和地区流动,缓解市场的供求矛盾。

最具代表性的利用市场进行体育资源配置的国家就是美国,美国的体育资源配置基本上只依靠市场,国家只会在非常少数的时候利用法律手段和经济手段间接进行干预。

（2）计划配置方式。计划配置的主体是政府,是指政府按照预定的计划,通过行政手段等将社会资源分配到各个部门。在计划配置中,政府会采用各种手段直接或者间接地对体育资源进行调配,改善体育资源的分配格局,从而利用有限的体育资源实现政府制定的体育目标。在对体育资源的管理上,政府会设置专门的管理部门,根据预期目标对体育资源进行集中的管理和统一的调配。

具有代表性的利用政府计划的方式对体育资源进行配置的国家有朝鲜等,我国有一段时期在体育资源的配置上实行的也是计划配置的方式。

（3）混合型配置方式。在长期的发展过程中,人们逐渐发现无论是单纯使用市场配置方式还是单纯使用计划配置方式都具有一定的局限性,比如市场配置方式存在"市场失灵"的风险,而计划配置方式存在"僵化"的风险。为了规避单一的资源配置方式带来的风险,越来越多的国家开始采用市场配置和计划配置相结合的配置方式进行资源配置。混合型配置方式在不同的国家呈现出不同的特点,每个国家都根据自己国家的国情进行了相应的调整,有的国家是以政府计划配置为主导,而有的国家则更突出市场配置的功能。

世界上常见的采用混合型配置方式进行体育资源配置的国家有英国、德国、加拿大等,我国目前在体育资源配置上采用的也是混合型资源配置方式。

2. 市场配置和政府配置的边界

市场经济是一种以市场调节为基础和主导的经济运行状态,本质是通过供求关系、价格机制、竞争机制来进行全社会体育资源配置和布局,是一种具有一定组织能力的经济调节方式。[1]市场机制通过调节微观的体育市场主体的个别经济利益,实现对整个社会的体育资源的配置,这是因为人们逐利行为的过程本身就是促进资源流动的过程。

值得注意的是,市场在进行资源配置的过程中会消耗掉一定的资源,但是这种消耗是必然的结果,无法彻底规避。所以,只要市场消耗

---

[1] 黄飞.中国体育消费与发展研究[M].长春:吉林人民出版社,2019.

的资源比同样情况下政府计划配置消耗的资源更少,政府就无须进行干预。

但是在某些国家或者某些时期之内,可能会存在市场配置的效能条件缺失的情况,这种情况下容易出现市场配置失灵、市场配置成本过高等问题,这时就需要政府出面采用计划的方式进行资源配置。

(二)优化配置竞技体育物质资源的方式

1. 完善体育资源配置的信息机制

资源拥有者对资源的掌握情况能够决定资源配置效率的高低,只有当其能够及时而准确地掌握信息时,才能够促进资源配置的合理化和高效化。想要实现对体育资源合理高效的配置,就要对体育市场的状况进行充分的了解,掌握市场上的体育需求状况、体育供给状况,以及这些状况的变化等,然后再合理规划资源配置。

在实践中,了解市场信息并做出合理的资源调节是一件非常具有难度的事情。比如在计划经济体制中,由于价格是由国家统一制定的,体育资源的供需状况就无法通过价格指标明确地反映出来;即使在市场配置的情况下,信息也是零散、不完备和不确定的,这些状况都给人们了解信息造成了一定的困难。因此,必须建立政府计划配置和市场配置体育资源的信息机制,了解信息创造途径和机会,保证信息的准确性和及时性,提高资源配置的效率。

在建立政府计划配置和市场配置体育资源的信息机制的过程中,必须做到的就是市场价格的公开透明。价格是显示市场供求关系最重要的指标,能够刺激市场主体根据其反映出来的信息进行生产,保证资源的有效流通。在市场无法做到价格信息透明的时候,政府可以介入,采用各种手段直接或者间接地促进体育资源市场价格的透明化。

2. 完善体育资源配置的决策机制

在计划配置方式下,体育资源配置的决策权是完全集中在政府手中的,政府会设置专门的机关部门对体育资源的分配进行管理,其分配依据一般是国家制定的体育发展目标和体育发展计划。这种资源分配方式下发展出来的体育,往往具有很强的公益性质,强调体育的社会功能,在政治上也有较大的安全系数。但是这种分配方式的弊端在于,政府进行体育资源分配一般会更多地从政治角度进行考虑,容易忽视人们的真实需求,发展出具有明显政治性质的体育,弱化体育的社会功能。

而在市场条件下,体育资源分配的过程基本上是:消费者出现某种体育资源需求—企业通过价格等指标接收到市场信息—企业根据信息做出生产决定。也就是说,最终的决策是由消费者和企业共同影响的,这就避免了在计划条件下资源配置决策权过于集中的问题。而市场决策的弊端在于,一方面,市场的调节机制存在盲目性和滞后性,这有可能导致各类体育企业为了追逐利益而将体育资源大量投放到某一个部门之中,造成资源的浪费;另一方面,由于市场的逐利性质,可能会导致体育社会功能被忽视,不利于国家体育事业的发展。

因此,我们一定要不断完善计划配置和市场配置体育资源的决策机制,推动市场机制决策和政府配置决策有机融合,在充分发挥市场决策优势的同时,以政府干预来弥补其漏洞。

3. 完善体育资源配置动力机制

计划配置的目的是实现体育的社会功能,完成国家发展体育事业的目标和计划。进行计划配置的主体是政府,虽然计划配置的目的具有公益性质,但是政府并不是一个"完美"的主体。政府部门本身具有自利性,这决定政府在体育资源配置的过程中,会实行一定超越经济性质的行为,导致计划配置的效率降低,无法达到预期的效果;政府部门还容易在自利性的驱动下追求自己在政治、经济等方面的利益,会在政府进行体育资源配置的过程中进行一些不当行为,使得最终的配置结果在一定程度上偏离最初的配置目标。从我国的实际情况来看,为了政绩、经济利益等在资源配置中"做手脚"的大有人在。由此我们可以得出,单纯的计划配置资源方式存在动力不足的问题。

在市场经济中,市场主体为了获得更大的利益,会根据价格反映出来的供需关系,不断促进体育资源在各个部门之间流动。同时,市场机制下还会形成激烈的竞争环境,市场主体在利益和竞争压力的双重驱动之下,会不断将体育资源流动到需求最大、利润最高的部门中去,使体育资源总是根据人们的需求在不同的部门之间流动。因此,我们可以看出,市场配置的内在动力要远远高于计划配置。

在完善体育资源配置的动力机制过程中,要坚持以市场配置为主,由市场主体根据消费者的需求进行生产活动,保证配置的效率和质量。

同时,要以计划配置为辅,利用政府转移支付等方式,弥补市场配置在公共体育物品上的不足,促进体育事业的全面发展。

4. 完善体育资源配置的竞争机制

如果在体育资源配置的过程中单纯采用计划配置的方式,将会面临这种配置方式在竞争机制上的问题。首先,各地区政府之间的竞争将会对体育资源配置的效率和效果产生一定的不利影响。它们会在竞争中犯部门主义和本位主义上的错误,设置各种障碍进行地方保护,使配置效果大打折扣。其次,在政府部门内部,又普遍存在着体育资源配置过程中缺乏竞争的问题。由于政府部门垄断了公共体育物品的供给,缺乏竞争的结果就是政府部门的供应工作没有按照居民的需要进行,造成供给的不足或者过剩。此外,单一的计划配置方式还会在一定程度上妨碍体育市场竞争机制的建立,不利于体育市场的发展。

市场机制下,由于市场具有优胜劣汰的特性,所以在体育资源配置过程中的竞争程度会比较高。其优势是,能够提高体育资源利用的效率,促进体育产品质量和生产效率的增长。但是,其弊端在于,当市场竞争发展到一定阶段的时候,会出现市场垄断现象,垄断虽然能够体现规模经济的优势,避免过度竞争状况的出现,但是同样也会妨碍正常竞争,破坏市场秩序,不利于体育市场的发展和体育事业的进步。

在完善体育资源配置的竞争机制时,要充分发挥市场机制的作用,增强市场主体竞争的活力,提高体育产品的生产技术和生产效率。同时,也要注意防范垄断的出现,利用政府调控保证体育市场健康运行。

三、加强科技与竞技体育的融合

(一)加强人体科学与竞技体育的融合

1. 根据人体科学原理进行科学选材

随着科学技术和体育运动发展的深入,人们越来越认识到科学技术在竞技体育中的作用,并逐渐加强科学与竞技体育的融合。从20世纪50年代,人们就在体育领域中大量引进生物学科的测试技术和先进仪器,并取得了良好的效果,进一步提高了体育选材的科学化程度。我国关于体育选材的研究大概起源于20世纪50年代中期,到了20世纪80年代,我国逐渐在田径、游泳、体操等体育项目中制定了运动员的选材标准。此外,我国研究人员还发现了通过X、Y染色体预测身高,通过骨龄、第二性征等预测发展潜力等选材方式,极大地提高了我国运动员选材的科学性。

在为竞技体育人才培养创造物质环境的过程中,一定要加强人体科学与竞技体育的融合,根据人体科学原理对运动员进行科学选材。教练员可以在分析运动专项对运动员不同身体机能要求的基础上,将遗传学规律作为理论依据,选拔在运动专项上具有身体机能优势的青少年,并通过科学的训练方式进一步促进其优势机能的发展和身体素质的全面进步,使其成为合格的运动员。

2. 根据生物力学分析动作技术

近年来,生物力学在竞技体育中被广泛运用。首先,生物力学被运用到分析运动专项的动作和技术原理上,能够对运动员的技术进行诊断,帮助运动员调整运动训练的方法,为确定运动员的训练方法和改进运动员的技术环节提供了重要的理论依据。

其次,运动生物力学还能够被运用在运动创伤的预防和治疗上。以生物力学作为原理制定运动专项的动作和技术,能够有效防止运动损伤;根据生物力学的理论对运动员的损伤进行科学的诊断,并且为其制订科学的治疗方案,可以使发生损伤的运动员恢复的速度更快、恢复的效果更好。

运动生物力学还能被运用在康复器械的设计和改进上。康复器械对运动员的康复训练具有重要的作用,一方面能够使运动员的身体损伤得到快速恢复,另一方面能够帮助运动员保持机体能力和素质。

目前,人们正在对生物力学进行更加深入的研究,并且还在对生物力学和竞技体育的结合进行探究。在人们的努力之下,未来生物力学在竞技体育中的运用一定会更加成熟和广泛,并在运动医学、康复医学、劳动技术、运动器材等领域充分展现其价值。

3. 根据人体科学原理为运动员制订营养补给方案

人体科学原理能够在分析运动员的身体基础条件和运动消耗的特点的基础上,为运动员制订科学的营养补给方案,使运动员得到合理的营养补充。合理的营养补给方案对于促进运动员的发展具有重要的作用：①合理的营养能够为运动员提供适宜的能量,供给运动员在运动训练中的消耗；②合理的营养能够保证运动员的肌体在剧烈运动之后得到及时恢复；③合理营养可延缓运动性疲劳的发生或减轻其程度；④合理营养有利于解决运动训练中的一些特殊医学问题(不同体育项目、不同环境、不同年龄期的特殊医学要求)；⑤合理的营养可保障肌纤维中能源物质(糖原)的水平稳定,降低运动性创伤的发生率。

(二)加强科学技术在体育器材上的应用

随着竞技体育的现代化发展,科学技术在体育器材上的应用越来越成熟,并且取得了很多优秀的成果。比如在2000年的悉尼奥运会上,澳大利亚选手的夺冠就少不了他们身穿的黑色连体快皮的功劳,快皮能够使一名游泳运动员在100米自由泳比赛中的成绩提高1秒钟,这1秒在竞争异常激烈的游泳比赛中具有超乎寻常的重大意义。此后,人们越来越意识到泳衣的科技含量对于提高运动员的竞技成绩的作用,目前的鲨鱼皮PR泳衣在游泳比赛中的应用已经十分广泛。还有利用新技术材料制作出的竞技自行车、标枪、运动鞋等,这些材料和工艺上充满着高科技的研究成果。这些新材料和新技术往往具备重量轻、强度高、韧性大等优势,充分显示了体育器材的各项性能。

充分利用科学技术制造出的体育器材对于促进运动员竞技成绩的提高具有重要作用,已经成为竞技体育领域的共识,加强科学技术与体育器材的融合也已经成为竞技体育的重要发展趋势。

(三)加强科学技术在竞技体育信息传播中的作用

随着竞技体育的商业化发展和全球化进程的加快,竞技体育的信息传播状况越来越受到人们的关注。

信息传播一方面能够促进各个国家、地区之间和各个体育组织之间的交流、合作,促使体育运动朝着国际化和民族化并存的方向发展,使得各个国家的竞技体育博采众长,形成为我所用的开放性竞技运动体系；另一方面能够通过媒体技术使竞技体育的各种赛事、活动在全世界范围内传播,并以此获得经济利益。

(四)加强测量技术在竞技体育中的应用

加强测量技术在竞技体育中的应用对于提高测量数据的准确度和可信度具有重要意义。科学的测量技术贯穿竞技运动的始终。在训练过程中,通过科学的测量工具和测量手段对运动员的训练效果进行测量,达到及时监控运动员的训练效果的目的,测量出来的数据一方面能够反映当前的训练成果,另一方面能够为制订和调整下一步的训练计划提供科学的依据。在比赛过程中,人们已经在多个运动项目中利用科学的测量手段和测量工具对运动成绩进行判定。

四、加强竞技体育后备人才文化素质教育

(一)竞技体育后备人才文化素质教育的重要性

随着我国综合国力的强盛,对后备体育人才的教育和要求都有了更高的标准。竞技体育后备人才仅仅是发展身体机能和运动技能已经不能达到竞技体育发展的要求,更重要的是运动员的智慧、思想道德、文化素质与专业素质需要同时发展和进步。

竞技体育是国家软实力和社会文明程度的体现,作为新时代的竞技体育后备人才,除了追求顶尖的运动水平以外,文化素质水平同样不能懈怠。对于优秀的运动员来说,接受文化教育、提高知识素养是能够长远发展的基础,这不仅仅关系到个人的体育运动生涯能走多远,还关系到我国竞技体育的可持续发展的目标。因此,对竞技体育后备人才的文化素质教育,无论对提高竞技水平和个人成长,还是对社会和国家的发展,都是非常必要和重要的。

1. 提高运动员的竞技成绩

一个运动员的竞技水平,除了取决于其身体条件和运动天赋以外,还和其智力以及理解能力相关。实践证明,运动员的文化水平越高,其"运动知觉"和"运动思维"的能力越强,即接受抽象语言的能力,对运动原理、能量代谢原理等的理解会更透彻。文化素质水平高的运动员,其情绪管理能力、排除负面干扰的能力也较强。由此可见,文化素质与提高运动技能和比赛成绩都具有正向关系。比较明显的例子是,国外许多优秀运动员是在籍大学生,由于文化水平较高,在训练和比赛中表现

出非凡的领会能力、创新能力。相反,如果运动员文化素质低,会给训练竞赛成绩的提高带来很多限制或阻碍。

体育运动包含或涉及运动科学、人体科学、心理学等诸多学科的诸多分支,体育运动本身其实也是一门复杂的科学,只有具备从技战术的提高、训练强度、超量恢复到运动动机等方面需要各种知识,才能更好地促进运动技能和比赛表现水平的提高。现代竞技体育运动对运动员的文化知识、专业知识都有了新的要求,例如运动员需要掌握一定的运动训练学、运动生理学、运动解剖学、运动生物化学、运动心理学等知识,因为在运动员的日常运动中无时不在运用这些知识进行训练或比赛。文化素质直接影响运动员的技能水平、运动成绩甚至运动生涯的长度。

现代竞技运动越来越多地应用最新的科学领域的先进知识和技术。运动员只有具备了较高的文化水平,才能真正自如地运用运动训练的一般规律和特殊规律,才能用先进的科学文化知识和方法指导训练,才能最大限度地发挥运动潜能,不断突破运动成绩。

2. 促进竞技体育的持续发展

文化素质是一个人的底蕴,它对个人成长的各个方面都具有决定性的影响。对于运动员而言,文化素质的提高不仅对促进运动技能和比赛成绩的提高有直接帮助,而且对其思想觉悟、组织纪律、道德情操和行为习惯的养成和提高也有积极影响。也就是说,文化素质可以提高一个运动员的综合素质和水平。对于竞技体育后备人才来说,他们正处于价值观、世界观养成的阶段,因此这个时候加强文化素质的教育就显得格外重要。这不仅对体育人才的培养意义重大,而且对我国整体竞技体育的持续发展具有深远的意义。任何领域的持续发展都需要强大的综合实力的支撑,只有整体提高竞技体育人才队伍的文化素质,与社会发展步调相协调,我国的竞技体育才可以得到长足的发展。因为,竞技体育的发展是社会进步发展的组成部分,它与政治、经济、科技、文化、教育等各个因素相互影响和作用。竞技体育后备人才代表着我国未来竞技体育的发展方向和水平,而文化素质教育是这一切的基础,如果仅仅强调体育专业水平,而忽略文化教育,那么将很难完成我国竞技体育持续发展的目标。

3. 帮助运动员顺利融入社会

由于竞技体育训练需要大量的时间投入,加上以前对文化素质教育的认识不足,很多运动员在退役后都面临着就业压力。因为文化知识水平较低,技能单一,进入社会后不能适应市场经济对人才的需要。这既对构建和谐社会不利,也给未来后备人才的培养带来诸多阻力,打消了人们对职业体育发展的积极性,对体育行业的长久发展产生不利影响。

任何人的一生都不可能只有一个角色,在职场上可能是运动员、教练、裁判员等,是在家庭中可能是儿子、女儿、父亲、母亲,在社会属性上又可能是少年、青年、中年和老年人,无论是在职场、家庭还是社会生活中,运动员也会充当各种不同的角色。然而,如果早年只强调对一种能力的培养,而荒废了其他方面的成长与培训,那么在日后进入社会时,必然会面临各种各样的困难。没有一定的文化素质,很难适应未来的科技型社会,很难保证更好地教育后代,很难参与飞速进步的社会建设。因此,我国亟待解决对竞技体育后备人才的文化素质教育问题。就像前国际奥委会主席雅克·罗格所说:"我们要为运动员们结束运动生涯时顺利走向社会创造条件。"这就是人性化的竞技体育理念。

(二)竞技体育后备人才文化素质的现状及影响

1. 文化基础普遍较差

由于许多竞技运动员从小就接受竞技体育的三级化管理,严重缺少了接受正规基础教育的机会,长期的训练让他们的成长过程相对脱离社会,缺乏对社会发展和社会生活的基本认知。同时,主观上,他们专注于训练,希望靠体育成绩实现个人成就,因此疏于对文化知识的学习和提高,这些都是运动员文化基础差的主要原因。甚至,由于文化素质较低,很多运动员也会养成一些不良性格和习惯,比如暴力、酗酒等。

随着我国近年的高速发展,经济、科技、军事、教育、人文等方面都取得了显著成绩,已经跻身于世界强国之列。作为竞技体育后备人才,也势必要跟上国家发展的趋势,跟上社会进步的节奏,这一切都离不开文化素质教育这一基础前提。随着时代的进步和社会文明的发展,竞技体育运动员不能仅仅止步于掌握高超的运动技能、获得优异的运动成绩,还要与时俱进全面发展。

2. 限制运动员的整体实力发展

体育竞赛是运动员多种实力共同参与作用的结果。特别是顶级水平的比赛，参赛选手的运动水平常常难分伯仲，都是领域内目前最高水平的代表，有时候胜负的关键就在于战术的合理运用和良好的心理素质。良好的心理素质可以让运动员在异常紧张的情形下依然保持稳定的心态，保证正常甚至超水平发挥；而战术的合理运用更加考验运动员的心态、经验、判断力以及决断力等综合能力的水平，这一切都需要极为优秀的文化素质为基础。而且，良好的文化素质，不仅能让运动员的运动潜能得到更大的提高，还能培养运动员具备良好的竞争精神和合作意识，更好地体现出现代运动精神，倡导团结、协作、进取、和平的崇高体育精神。现代竞技体育的发展高度成熟，运动员的最终运动表现不仅需要运动员有极高的技术水平，还需要具备优秀的文化素质和智力水平，否则，运动员很难走得更远。因为，哪怕只是一个单向技能的提高，除了靠运动员自身运动天赋之外，还需要各学科知识的帮助，在准确理解和运用运动科学、人体生理科学、运动心理学等相关原理的前提下，必须进行科学的训练才会真正地提高运动技能。而文化水平较低的运动员，仅仅提高运动技能这一步就会受到约束和阻碍，因为这将取决于他们的运动感知能力、运动思维能力、理解力、情绪管理能力等，至于更高要求的战术运用和配合、临场应变能力、心理调节能力等，都需要具备一定的文化素质才可以做到。总而言之，文化素质低的运动员在提高整体实力方面会有更多的困难和阻碍。

3. 退役后就业困难

目前，我国的竞技运动员基数较大，绝大多数运动员退役后都将面临就业问题。然而，由于多数竞技运动员并没有接受过系统的文化教育，常年专注于体育专业的训练，希望在竞技体育上获得一定的成就，但是，即使体育成绩优异，对于大多数运动员而言，仍不能保证未来有良好的发展，甚至一退役即面临着就业的巨大压力。除了少数人能由运动员转为教练员之外，还有一部分创业经商，但是对于大多数运动员而言，由于普遍文化水平较低，短时间内无法达到职场的要求，单凭体育专长很难在社会立足。因此，退役竞技运动员的就业问题，不是个别问题，在一定程度上属于体育制度的问题，也增加了社会的压力。

4. 影响我国竞技体育的持续发展

虽然近年来我国在竞技体育后备人才的培养方面重视文化素质的提高，运动员的文化修养在整体表现上有了相应的进步，但是还远远不能满足社会发展的需求。首先，人们对竞技运动员"文化素质欠缺"的看法依然普遍存在。最明显的现象，就是家长对让孩子进入竞技体育行业保持谨慎甚至是拒绝的态度，因为进入体育行业就意味着影响孩子的文化素质教育，甚至影响一生的职业发展。其次，我国竞技体育的教练员大部分是从优秀退役运动员中选拔出来的，他们虽然具有顶尖的运动水平，但是由于自身在运动员时期也没有受过良好的文化素质教育，这直接影响了我国教练的执教水平，无论是正确的理论基础，还是实践方法、战术设计等都无法得到保障。也就是说，教练的水平高度直接影响着后备竞技体育人才的起跑高度和上升空间，同时，由于教练自身缺乏文化教育，导致他们对文化素质并没有足够的重视，还是更多地强调运动训练而忽视对运动员文化素质的教育，造成恶性循环。以上这些都阻碍着我国竞技体育的可持续发展。

(三) 竞技体育后备人才文化素质教育的改进

1. 健全竞技体育后备人才文化素质教育保障制度

要改进我国竞技体育后备人才的文化素质教育，首先就要对相应的教育制度进行改进和完善。只有从制度上做到健全和完善，才可能全面改变我国在竞技后备人才培养方面的现状，从根本上改变我国运动员文化素质低下的整体面貌。健全制度，加强监管，建议有关部门严格跟进体育相关政策制度的制定和完善，落实监管部门的工作职责，加快提高我国体育后备人才的文化素质教育的进程，从政策制度上提供有力的保障。

只有相关的上层建筑以及决策层尽快促进制度完善，我国竞技体育发展才会真正走上正轨。只有国家颁布一系列法律政策，并顺应现代发展的趋势，强调运动员个人的全面发展，为运动员提供长效的文化素质教育和退役保障机制，才能鼓励更多的优秀竞技体育后备人才积极投身到竞技体育事业中来。只有在制度上有完善的保障，有社会的强力支持，有可行的文化素质长效教育系统，我国的竞技体育后备人才才不会有后顾之忧,才能够真正让自己的体育天赋得到发挥,为祖国的竞技体育发展做出贡献。

2. 深化落实体教结合政策

国家出台的"体教结合"政策,是改进体育后备人才的文化素质教育的强有力举措。"体教结合"包括三个层次:体育行政部门和教育行政部门的机制结合;体育学校与普通学校的结合;运动员运动训练与文化课学习的结合。它从政策层面为体育部门和教育部门的配合做出了指导和规划,避免了两部门长期各行其是。两部门要做好分工配合,以落实国家政策为原则,明确各自工作职责,并且努力给对方以有力的支持。同时,加大运动员文化素质教育的各种资源投入,包括资金投入和高质量的师资,为"体教结合"政策的实施奠定扎实的基础。另外,也要严格把关各高校对体育特长生和高水平运动员设置的培养计划,坚决杜绝"挂名现象"与"小考场制度"。认真落实"体教结合"政策,需要所有参与的运动员、教练、教师以及高校机构的共同努力,我国竞技体育的可持续发展是长期目标,提高竞技体育后备人才的文化素质也非一日之功,因此需要长期地、不间断地、严格地、积极主动地深化和落实工作。

随着"体教结合"政策的逐步落实和实施环节的逐步成熟,我国的竞技体育后备人才的文化水平也将逐步得到提高,竞技体育的发展也会慢慢显现更高的水平,这样的良性循环会反过来对运动员和教练、高校产生更积极的促进作用。

3. 提高训练效率

随着竞技体育的不断发展,以及科技、医学、心理学各学科对竞技体育在各个方面的研究,体育训练从方式方法到技术手段都与以往大不相同。从最早单纯追求"量"转变为现在更注重"质",在效率上得到极大的提高,因此也从另一个方向缓解了"学训矛盾"。但是必须承认,体育训练和以往相比虽然有了大幅提高,但是仍然有很大的提升空间。这就需要加强对教练队伍的培训,需要努力推进更加科学、高效、高质量的训练方法,合理安排训练时间,提高训练效率,从"练得多"转变为"练得精"的训练理念,从而使运动员有更多的时间和更充沛的精力用于提高文化素质。而且,通过科学安排,可以从原来的"学训矛盾"改为"学训互补",让学习和训练成为相互补充的理想状态。因此,提高训练效率是改进"学训矛盾"的根本,只有让训练更高效,才能让运动员从时间上和精力上得到一定的"解放",才能使文化素质学习真正成为可能。

五、构建竞技体育后备人才文化教育体系

(一)构建竞技体育后备人才文化教育体系的原则

1. 前瞻性原则

教育必须具有前瞻性和超前性,必须着眼于未来。要构建竞技体育后备人才的文化教育体系,必须从意识上改变急功近利的习惯。教育是长期工作,它本身就体现着超越现实的、非功利性的价值追求,从而能够促使人们"从长计议",将未来长远目标作为指导原则,调整心态,将竞技体育后备人才的文化素质教育作为长长久久、实实在在的事情去做,并且,将文化素质教育置于竞技体育战略优先发展的地位上。

2. 科学发展原则

科学发展原则是尊重科学理论,它的核心是以人为本。科学发展原则大至国家规划,小至个人发展,都应将人之发展置于核心位置。只有通过文化素质教育,运动员群体才能够超越人际、代际的界限;只有通过学习文化知识,我国的竞技体育人才群体才能在提高竞技水平和解决退役出路等方面得到更多的选择。

3. 循序渐进原则

众所周知,教育改革要循序渐进。在竞技体育的文化素质教育改革中,运动员群体文化教育依赖体制环境。总体来说,把所有运动员都送进大学课堂是不现实的,优先保证义务教育才是可行之路;在义务教育的基础上再进行因人而异的职业培训或继续教育,才是切实可行的办法。只有这样,才能使运动员群体在退役后能有一技之长,融入社会市场的竞争。

(二)构建竞技体育后备人才文化素质教育体系的战略布局

对竞技后备人才的文化素质教育是竞技体育良性发展的根本,因此必须从战略高度出发,改革现行的竞技后备人才文化教育体系。它有以下几个目标安排。

1. 近期目标:加强义务教育

义务教育是个人为了适应社会生存必须接受的基础教育,具有强制性和普及性的特点。如果一个人不能接受义务教育,会出现在各方面都准备不足的情况,甚至完全缺乏准备。可以说,他几乎处于人类智慧与文化积累的系统之外,这对谋生会产生极大的不利影响;没有经过义务教育的培训,会使他因没有文化而基本处于一种蒙昧状态,他的个人行为规范也低于规范要求。言行举止,都难免会带有愚昧、粗陋等陋习。

而我国竞技体育后备人才的基础教育系统,由于种种原因,还是难以严格达到九年义务教育的基本标准,这是亟待解决的问题。竞技体育人才是专业人才,需要经过严格高强度的长期训练,这是我国运动员群体长期表现出来的文化素质低下的主要原因。但是,随着国家的发展,以及"体教结合"政策的出台,必然将着力改善竞技体育后备人才的文化素质教育状态,特别是要从义务教育做起。如果继续延续大量竞技体育人才不能享受到义务教育的权利,并延续着运动员文化水平素质低的标签,那将是我国竞技体育系统的失职,也将影响我国竞技体育的发展。作为竞技体育人才,不能因为他们有体育运动的优势而剥夺其接受义务教育的权利,相反,应首先满足他们的生存需求,因为没有义务教育的基础,他们在接受更高层次的培训或发展的时候,会遇到瓶颈。因此,应该逐步推进和加强对竞技体育后备人才的义务教育,并制定一定的措施来进行监督落实。具体措施如下。

(1)就近纳入优质中小学校。竞技体育后备人才应该从小学开始就把文化素质教育作为重点考虑的问题。比如,可以就近纳入优质小学或者中学,得到较好的义务教育资源。因为竞技体育需要花费大量的时间用于训练,在这种情况下,提高对他们的文化素质教育的质量和效率就显得特别重要。而优质的中小学教育系统也应该逐步完善对竞技体育特长生的教育方式方法,以期达到无缝衔接,给竞技体育人才以同样有效的教育培训,真正体现出优质教育资源的过人之处。

(2)加强文化知识的学习。对于竞技体育人才来说,对他们最具影响力的是教练员和领队。那么就应该让教练员和领队发挥出他们的优势条件,他们要作为督导竞技体育后备人才学习文化知识的第一人,并且把它纳入教练和领队的工作成绩的评价指标中来。例如,建立运动员的竞赛成绩和文化成绩的综合评价体系,也就是说,文化学习成绩和运动成绩并重,它们共同作为评价一名运动员是否优秀的评价指标,也和教练员、领队的切身利益建立关系。这样,从教练到运动员都把文化学习重视起来,真正做到从根本抓起,从机制上给予保障。

（3）灵活安排学习和比赛时间。由于比赛和集训的客观原因,竞技后备人才常常会有缺课丢课的情况发生。那么,无论是学校还是教练,应该达成灵活安排的共识。比如在集训期或者比赛期间,要保障运动员有足够的时间和精力准备比赛,这时候可适当放松文化学习的要求。但是比赛后,在运动员的恢复调整期间,应该及时安排优秀的教师为运动员补课和辅导。在机制上和工作流程上要保证补课顺利及时、保质保量。比如,学校要安排专职人员负责运动员文化学习的相关事务,他们应该熟悉训练和比赛的时间、特点、周期,也要了解运动员的运动成绩和学校成绩及身体状况等,并根据情况提前安排好教师,联系补课时间和进度、答疑时间等。

如果能有效地执行如上建议举措,将会从最基础的层面缓解和改善竞技体育后备人才的文化教育现状,并为构建运动员的教育体系提供切实可行的帮助,从体制上保障竞技体育人才的文化素质学习,为我国源源不断地输送符合新时代要求和标准的优秀的竞技人才。

2. 中期目标：谋求竞技体育之外的职业发展

在满足了义务教育之后,竞技人才具备了基本的文化素质,对他们的运动生涯、个人修养和生活的各个方面都会产生积极的影响,这确实可以在整体上提高我国竞技体育人才的文化素质修养。但是对于绝大部分运动员而言,退役之后还要面对进入社会、参加社会建设和竞争这样的严峻挑战,而只有义务教育显然是不够的。运动生涯终止,除了体育特长之外,没有其他的职业技能。只有高水平的运动员退役后可以从事教练员的岗位,实际上能在体育领域就业的运动员屈指可数。其他与体育相关的职业比如体育教师、体育俱乐部教练等,也是运动员退役后的首选,但这些岗位对学历都有较高要求,加之有庞大的体育院校和师范类体育毕业生的竞争存在,可以说给运动员留下的机会少之又少。面对这一情况,可以拓宽思路,在义务教育之后,建议竞技后备人才就要开始考虑自己未来的职业方向,并为此做出努力。除体制内的体育专业外,学习其他专业技能和知识,这首先需要在制度上为运动员做好准备。例如,加强与教育部门的协商力度,降低入学门槛,为竞技体育后备人才创造更多的体育外专业的就读机会,解决运动员群体的职业转换问题。为此,可采取以下措施。

(1)加强与非体育高等院校的沟通。这需要大量的非体育高等院校的大力支持和配合,对成绩优异的运动员后备人才敞开大门,让他们接受体育外的专业教育,尤其是综合性大学的专业比较多,如法学、管理学、社会学、经济学、商务管理、环境工程等,当然这还需要结合运动员自己的爱好和意愿。

(2)开展体制外多种形式职业培训。对于运动成绩一般、不能进入高等院校学习的竞技后备人才,可以在体制外的职业教育机构进行学习,进行学历或非学历教育,如计算机、市场营销、销售、物流信息、汽车驾驶等服务业领域。

3. 长期目标:让竞技体育回归学校

长期来看,让竞技体育后备人才在全面发展的教育环境中成长,是我国竞技体育持续发展迟早要解决的问题。建议将竞技体育后备人才的文化教育体系逐步融入普通教育序列,打破行业办学的壁垒,所有的教育机构都是面向社会,以培养综合型人才为目标。随着优质素质教育和竞技体育后备人才文化教育体系的调整和构建,竞技体育后备人才的文化教育与同龄的非竞技类普通学生已经非常相近。希望在不远的未来,竞技体育后备人才在职业体育生涯阶段,可以后顾无忧地专心发挥体育天赋,为祖国争光;退役后,可以顺利进入社会,根据自己的兴趣自由选择专业,继续为社会建设做贡献,实现自己的人生价值。

第六章
体育旅游产业的经营与管理

体育旅游市场的主体包括旅行社、旅游景点经营公司以及旅游者。体育旅游需求也属于休闲需求，因此其市场主体规模受经济发展水平的制约。随着经济的发展，人们收入水平得以提高，于是闲暇时间越来越多，旅游和体育也就成为闲暇活动消费的热点。

体育旅游市场的定价具有一定的垄断性和季节性。体育旅游产品价格垄断性主要体现在景点旅游产品上。景点的不可移动性决定了其供给数量的唯一性与需求数量的无限性，这导致了垄断利润的产生。体育旅游产品价格的季节性主要体现在户外旅游产品上，比如，滑雪运动旅游和漂流旅游等项目，这些旅游产品在不同的季节其运作成本差别较大，因此其价格也伴随着季节变化而明显波动。

要想挖掘体育旅游市场的潜在利润并不是一件容易的事情，因为作为体育、旅游空间交叉的综合市场，其发展是一个系统工程。我们很难想象在一个体育产业与旅游业落后的区域，会诞生出一个发达的体育旅游市场。认识到开发体育旅游市场的复杂性与系统性，对于我国的体育产业发展十分重要。

第一节 体育旅游产业概述

一、体育旅游的概念和基本类型

(一)体育旅游的概念

体育旅游是指以观赏和参与各种体育活动为目的的旅行游览活动。体育旅游活动的内容十分丰富,包括异地观看体育比赛、登山、攀岩、江河漂流、汽车拉力赛和热气球等多种项目。

体育旅游是体育与旅游相结合而产生的新型服务产业,是将体育资源与旅游资源互补互惠,以体育为主的旅游活动。我国的体育旅游业起步于20世纪80年代,它是以登山旅游为先导,逐步扩展到江河漂流、汽车拉力赛、热气球等其他运动项目及组织观看大型国内外体育比赛的体育旅游活动。

通过图6-1可以清楚地看到,体育与旅游结合形成体育旅游,在体育旅游结合了休闲和探险等元素后形成了更为丰富的内容和形式。

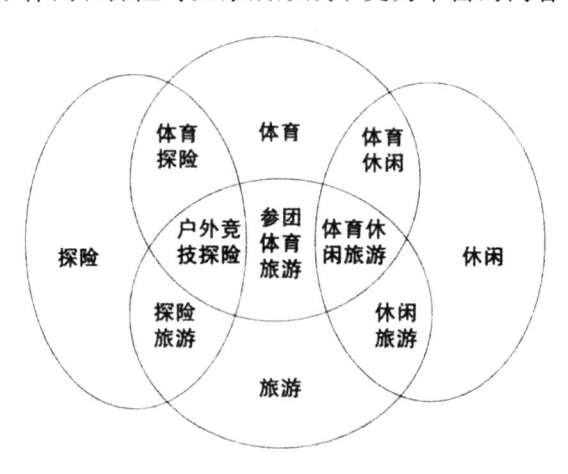

图6-1 体育旅游关系

目前,我国已初步建立和形成了一个较为丰富的体育旅游体系(见图6-2)。体育旅游业的兴起与发展极大地带动了周边其他产业的快速发展。

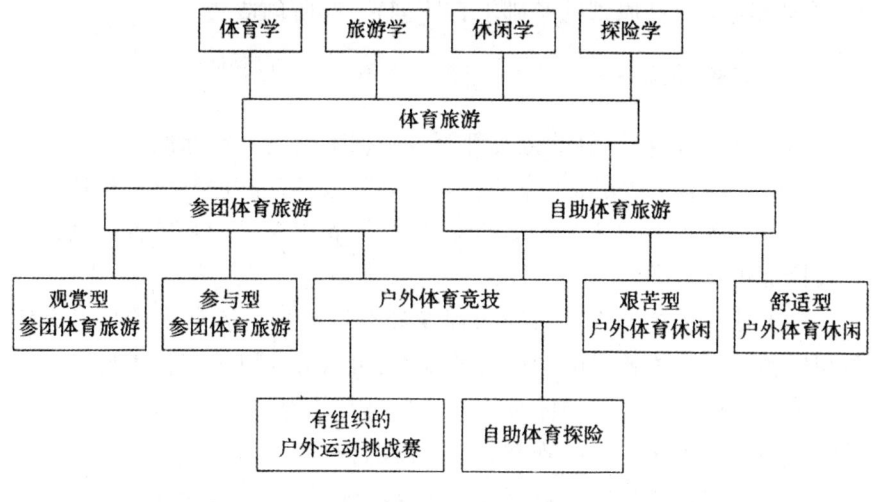

图 6-2 我国的体育旅游体系

(二)体育旅游的基本类型

1. 体育旅游的分类原则

由于体育旅游是一门新兴交叉学科,学科的性质和研究在今后相当长一段时间内不可能完全摆脱一般旅游学科所研究的基本范畴,因此,难免会产生研究对象与旅游学科具有相似性和一致性的现象。所以,在进行体育旅游的分类研究时,一般应遵循以下四项原则。

第一,科学性。科学性是指在划分体育旅游类型时,应按照体育旅游的本质属性和实践中的基本规律来考察,使划分的类型边界清晰,内容明了,能很容易地被区分开来。

第二,合理性。合理性是指分类必须符合体育旅游自身发展的理论体系。换言之,对体育旅游的分类不能分割体育旅游这一整体而只侧重于某一方面的内容,如划分标准不一致,或者标准虽然比较一致,但划分出的类型不是一个层面上的内容等。

第三,实效性。实效性是指对体育旅游的分类要有利于实际工作和科学研究的操作和运用,有利于体育旅游业的管理和发展。另外,实效性还体现在重视体育旅游的现实发展情况,不脱离当前实际等方面。

第四，创新性。体育旅游是一门新兴的交叉学科，在类似划分上没有完全相同的课程参照标准，因此，分类和分类研究时应在遵循科学性、合理性、实效性原则的基础上有所创新、有所创造。

2. 体育旅游的分类

如上所述，任何学科的分类都可以根据不同的分类标准进行。一般而言，应选择有利于实际工作和科学研究的分类标准进行分类操作。下面按体育旅游者参与体育活动的程度、旅游者出游目的和体育活动性质三大标准进行分类。

（1）按主体参与体育活动的程度分类。参与性体育旅游是以主体参与体育活动为主要目的和内容的旅游，可以分成以下五种类型。

①参赛型。此类型的体育旅游者自身对体育活动有较强的兴趣，其旅游的内容不限于单纯的观赏，而更强调自身的参与性。

②健身型。体育旅游者直接参与某项体育活动，达到健身旅游双重作用的体育旅游活动，一般是受到某一主题体育活动的吸引而参加，在娱乐的同时提升自己的某方面运动能力。因此，这一类型拥有兴趣比较一致的众多参与者，且具备参与的重复性。

③强身型。强身型体育旅游是路途较远、条件艰苦，锻炼和考验体育旅游者体力和意志的一种体育旅游活动，如登山、漂流、探险骑自行车、自驾越野、摩托车拉力赛等（见图6-3至图6-7）。

图6-3 登山

图 6-4 漂流

图 6-5 探险骑自行车

图 6-6　自驾越野

图 6-7　摩托车拉力赛

④刺激型。部分体育旅游者将刺激看作享受,乐于参与生活中难以经历,但又标新立异,使人特别兴奋的刺激性体育活动。刺激型体育旅游中,旅游者参加有一定冒险性和挑战性的体育活动,如蹦极、漂流、攀岩、海底探险等,既满足了好奇心理和挑战欲望,又使体质、体能得到提升。

⑤观赏型。观赏型体育旅游是以主体参加观赏体育活动为主要目的和内容的旅游。观赏型体育旅游是一种由观赏体育活动而引起的旅

游行为。观赏者不仅通过观赏体育活动愉悦身心,而且为观赏体育活动发生地的旅游业创造了巨大的经济和社会效益。以观看体育赛事、欣赏体育表演为主,观赏型体育旅游可以分成以下三种类型。

其一,观战型。体育旅游者被体育比赛吸引而前往现场观摩的旅游。观战型旅游在发达国家极为盛行,如欧洲五大足球联赛、美国职业篮球联赛、F1赛车、四大网球公开赛,以及奥林匹克运动会等,现在我国举办的世界顶级赛事也吸引着越来越多的观众前往现场观看,这些为吸引众多异地观众前往观战而开展的顶级比赛,也是观战型体育旅游者的终极选择目标。观战型体育旅游的参与者一般是具有特殊的兴趣,且有一定经济条件的人士。事实上,在欧美成熟的体育国家,有这样一句名言:"拥有一项赛事,就相当于拥有一部印钞机。"这句话充分证明了体育旅游盈利模式的成功。

体育旅游赛事有多种分类方式,根据不同的需要可以进行不同的分类。具体的分类情况见表6-1。

表6-1 体育旅游赛事分类

赛事类型	参赛选手水平、规模	典型案例
超大型综合赛事	水平最高、规模最大、影响最大、周期性明显	奥运会、洲际运动会、全运会等
大型综合赛事	水平较高、规模大、影响力大、重视程度较高、周期性明显	学生运动会、少数民族运动会等
单项顶级赛事	水平最高、规模较大、影响大、周期性明显	单项世锦赛、单项世界杯、足球世界杯等
单项品牌赛事	水平高、规模一般、影响较大	职业联赛如美国职业篮球联赛、土耳其女排联赛、德国足球甲级联赛、国际马拉松等
单项商业赛事	规模、时间、地点较随机,明星效应明显	对抗赛、擂台赛等
一般赛事	水平一般、规模较大、民众参与性较高	大众登山节、龙舟赛等

其二,体育胜地参观型。旅游者出游的主要目的是参观著名的体育胜地,如我国的2008年北京奥运会的主比赛场地"鸟巢"(见图6-8)、"水立方"(见图6-9),德国的"安联体育场",意大利的"圣西罗足球场",英国的"温布尔顿体育场"等。

图 6-8 "鸟巢"

图 6-9 "水立方"

其三,体育博览馆参观型。旅游者出游的主要目的是参观著名的体育博览馆,如美国"NCAA"(美国体育大学)博览馆、瑞士"奥林匹克博物馆"以及中国体育博览馆青岛馆等。

(2)按不同出游目的分类,可分为以下五种类型。

①休闲娱乐游。在紧张的工作之余,旅游者希望通过轻松、愉悦的休闲活动来放松身心,减轻工作给其他活动带来的压力,因此休闲娱乐

游随之产生。这些年,我国的休闲娱乐游也在不断升温,各大旅行社适时地推出了冬季滑雪、夏季滑草、水上摩托、滑索、动力伞等项目,还有进入原始森林的生态游。受到国内外体育旅游者喜爱的休闲娱乐游还包括海滨城市的高尔夫之游、海底探险潜水之游、深受钓鱼爱好者喜欢的出海垂钓之游、移动旅游房车感受之旅、冬季海南体验之旅等。

②惊奇探险游。近年来,利用广博的自然资源,我国各大旅行社不断推出如热带雨林探险游、野外生存之游、攀岩、溯溪、岩降、溪降等一系列惊奇探险体育旅游项目。

③赛事观摩游。赛事观摩游的推出主要是为满足不同体育比赛爱好者希望到比赛现场为钟爱的运动员和运动队摇旗呐喊、加油鼓劲的需求,使旅游者在观看比赛的同时能游览当地的名胜古迹。随着我国举办各种国际体育赛事能力的提高和国内各种体育比赛水平的提升,成规模的国内赛事观摩游将很快出现。

近年来,我国越来越多地采用市场化手段举办各种大规模体育赛事,以吸引人们来观看体育比赛,进行体育旅游活动。如2008—2013年在上海承办的ATP世界巡回总决赛,在获得经济和社会效益的同时也推动了我国体育旅游市场的发展。原来在广州、北京、上海三地轮流举行的国际体育用品博览会,自2002年起确定上海为永久性展会地址,使体育用品博览会成为上海又一有特色的体育旅游产品。

④项目培训游。国际上较有吸引力的项目培训游有美国职业篮球联赛培训游、澳大利亚的高尔夫培训游、韩国的跆拳道培训游等。由于体育项目培训具有较高入门条件,参与者的人数有所局限,但是应当看到,随着我国体育,特别是竞技体育水平的直线上升,会有越来越多的中国人参与到美国职业篮球联赛培训游、澳大利亚高尔夫培训游、美国和欧洲的篮球培训游中去。

⑤民间传统游。国际上有许多以旅游业知名的民间传统游线路和活动。事实上,我国很多少数民族地区的民间传统体育项目正在广泛地开展。

我国有56个民族,各民族在长期发展中都积累了自己独特的体育项目。我国已举办过十一届全国少数民族运动会,如2019年第11届全国少数民族传统体育运动会有17个竞赛项目,多项表演项目,也吸引了大批的体育旅游者,尤其是众多国外游客。我国民间盛行的龙舟、风筝等体育活动也有十分悠久的历史,深受各族人民的喜爱,各地举办的国际性龙舟赛、风筝大会等参与人数也越来越多,赛事规模日益扩大,已成为我国体育旅游的重要活动之一。

(3)按体育活动的性质分类,可以分为以下四种类型。

①广义性体育旅游。广义性体育旅游包括:休闲体育旅游包括钓鱼、骑马、潜水、高尔夫球等休闲体育旅游;健身体育旅游包括登山、跳舞、游泳、保龄球、篮球、健美、台球、溜冰、保健活动等内容;观战体育旅游包括观看各种类型、各种规模的体育赛事内容。

②专业性体育旅游。专业性体育旅游包括专业运动员参加各种体育比赛所进行的旅游活动,以及各种身怀绝技的运动员或旅游者参加竞技项目所引起的旅游活动,如射箭、滑翔、冲浪、帆船、滑雪等。

③刺激性体育旅游。刺激性体育旅游包括蹦极、漂流、攀岩,以及各种探险类体育旅游等。

④民族性体育旅游。民族性体育旅游是指各个民族的传统体育旅游项目,如蹴鞠、赛龙舟、风筝赛、踩高跷等。

二、体育旅游的性质与特点

(一)体育旅游的性质

体育旅游的目的、形式、结果都不同于传统的旅游,它是一种比较特殊的旅游,因此很多学者认为体育旅游具有审美属性、社会属性和教育属性等性质。

1. 社会属性

与旅游一样,体育旅游是不同地区、不同国家的人民实现交流的一种有效方式。体育旅游离不开体育,而体育的主体是作为社会属性的人。作为社会关系的总和,人在进行体育活动中彼此发生广泛的联系,所表现的思想、道德、作风、品质都具有上层建筑的特点。

2. 审美属性

体育旅游者通过参加体育旅游能享受到体育与美的独特魅力,通过体育活动能使身心愉悦和放松,更能亲近大自然,享受大自然的动态美和静态美。体育旅游者在观看大型体育赛事、体育文化活动和民族体育表演的同时,还能领略到各国、各民族、各地区丰富多彩的体育文化内涵。

3. 教育属性

体育旅游具有社会教育作用,体育旅游活动的过程是寓教于游、寓教于体和旅游者不断完善自我的过程。体育旅游者在体育旅游过程中能学到一些简单的运动技能,发展体能,培养团体协作精神和竞争意识等,使旅游者身心得到全面均衡发展。

(二)体育旅游的特点

体育旅游是体育与旅游相结合的现代旅游方式,体育旅游的特点,首先是来满足人类健身与娱乐相结合的多元化需求;其次是体育活动具有广泛的外延,其丰富的内容让参与者能轻松地寻找到切入点,以满足现代社会日趋个性化的旅游需求。因此,体育旅游不仅具有"旅游"的最本质特征,如审美性、异地性、流动性等,还具有重复性、参与性、专业性、大众性等特征。

1. 时效性

体育旅游通常具有很强的时效性,一旦错过最佳时期,市场便随之消失,尤其是那些以国际重大赛事为核心的体育旅游,如奥运会游、世界杯足球赛游、美国职业篮球联赛游等。

2. 观赏性

观赏性是通过体育赛事、体育文化活动、民族体育表演及地方传统特色的体育竞赛,满足旅游者的视觉享受,使之领略体育运动的独特魅力和丰富多彩的民族体育文化等。

3. 参与性

体育旅游始终以休闲、健康为主题,以旅游者亲身参加为目标,使旅游者在参与中获得或健康或刺激或惊奇等体验,在观赏中获得或视觉或心理或情感等方面的享受。大部分的体育旅游项目参与性很强,旅游者需要借助更多的体育手段,通过直接参与并体验,才能体会体育旅游的内在乐趣。

4.竞技性

专业竞技体育旅游一般需要较强的体育专业知识或较高的专业技能,因此,这类比赛、竞技旅游仅能满足受过专业训练的运动员或旅游者的需求。但是,即使是普通的体育旅游也都具有一定的竞技性质,同时,也需要旅游者具有一定的专业技术基础,才能完成这些竞技性的活动。

5.重复性

对于一般旅游地来说,很少有旅游者会多次到同一旅游地自费观光、游览,但体育旅游资源对于同一旅游者却有重复利用的价值,旅游者对某一体育运动项目的喜爱,能促使其很多次到同一旅游地参加该运动或观看比赛。据调查,每年去黑龙江省亚布力滑雪场进行滑雪消费的人群有相当比例是"老顾客"(见图6-10)。

图6-10 黑龙江省亚布力滑雪场

6.大众性

不同的体育项目既能满足不同年龄人群的需要,也能满足不同性别人群的需要,还能满足不同文化层次人群的需要,更能满足不同性格特点人群的需要。因此,众多的体育项目保证了体育旅游大众化的特点。

7. 强身、健体、修行

体育旅游包含着众多的体育项目，不仅具有促进健康、增强体质的功能，有些项目还能使旅游者在自娱自乐中得到全身心的锻炼。如瑜伽，既能健体，又能修性；溜冰、滑雪等可以愉悦身心、消除疲劳；观看高水平的体育赛事可以得到精神享受，放松心情。

第二节 体育旅游产业发展现状分析

20世纪后半叶，随着经济的连续增长和人们工作日的减少，人们用于休闲度假的时间明显增加。此时，人们对旅游的需求以及体育运动的普及，使得以体育运动为特色的旅游项目在欧美地区迅速发展。20世纪末英国家庭的休闲支出第一次超过食品、住房和交通的支出。旅游支出迅速增长，而体育旅游是其中重要的组成部分。体育旅游作为经济发展的一个新兴产业，已经成为体育产业的重要组成部分。

一、我国旅游业发展的特征

从对近20年我国旅游业的发展分析，我国旅游业已呈现出以下特征。

（一）旅游业地位确立，综合功能全面发挥

到目前为止，全国共有27个省、自治区、直辖市将旅游业列为当地的支柱产业或先导产业来发展，西部各个省区更是将旅游业作为其实施西部大开发战略的优势产业。全国其他省、自治区、直辖市，包括大部分县也纷纷出台了一系列推动旅游发展的政策和措施。发展旅游的积极性不仅表现在政府部门，也表现在包括各种类型的企业、组织和个人在内的社会各界，越来越多的人注意到旅游业发展的市场潜力，对介入旅游也表现出极大的热情，从事旅游资源开发的民间资本呈现出新的上升势头。在这种全社会发展旅游的热潮中，旅游业不管是在行业规模，还是在社会影响力方面,都获得了较大的发展和提升。

国内旅游业的快速发展,刺激了相关产业的发展,扩大了国内需求,增强了经济活力,向社会提供了更多的就业机会,创汇与货币回笼优势显现。此外,旅游业在优化投资环境、促进环境保护、弘扬民族文化、更新思想观念、提高人民生活质量等方面也发挥了重要作用。现在,旅游业以其在社会经济生活中的重要地位和作用,已经成为国民经济新的增长点和许多地区的支柱产业。

(二)国际旅游持续发展,国内旅游发展潜力巨大

改革开放以来,我国旅游业逐步发展壮大,开始走上产业化发展的广阔道路,在世界旅游业中的地位也在不断提高。

我国的国内旅游自20世纪80年代中期开始活跃以来,到20世纪90年代得到快速发展,近几年则更是发展成为人民群众重要的消费领域和扩大内需的重要力量,已形成世界上人数最多的国内旅游市场。

国家的宏观经济环境不断改善,包括国内生产总值的持续稳定增加、人们收入水平的不断提高,支撑着旅游业的发展。2021年,我国国内生产总值为1143669.7亿元,比上年增长8.1%;城镇居民人均可支配收入47412元,比上年增长8.2%。根据国际货币基金组织发布世界各国人均GDP排位,2021年中国排第60位;城镇居民闲暇时间的增多以及消费观念的转变,为国内旅游消费提供了必要的条件,丰富的旅游资源也吸引着众多的旅客。国内旅游业的迅猛发展,是我国国民经济发展到一定水平之后,在城镇居民中必然会产生经济、文化行为的直接反映。国内、国际两个市场的有机融合与相互补充,使我国的旅游业有了更为广阔的市场基础和发展前景。

我国旅游业的发展前景是喜人的,但目前我国旅游业的发展也存在着一些困难和问题,如产品结构尚需优化等。我国旅游业从20世纪70年代末开始发展以来,首先是利用我国旅游资源的优势,向国际市场推出观光旅游产品,20世纪90年代又有计划地推出专项旅游和度假旅游产品,受到国内外旅游者的欢迎,取得了一系列成绩。但是,由于我国旅游业起步晚,经验不足,又受到多种因素制约,所以旅游产品结构单一,此外,旅游管理体制和市场体系的进一步完善,旅游资源开发利用的合理性以及旅游环境的优化等,也是亟待解决的问题。因此,在实现旅游强国目

标的过程中,我们应当借鉴国外先进经验,合理利用我国旅游资源优势,开发特色旅游,注重旅游产业的可持续性发展。

毫无疑问,建设旅游强国是一个长期的目标,需要艰苦的工作,需要全社会的共同努力。就当前来说,要着重强调国内旅游的重要性,这不仅是形成旅游业全面、合理的供给结构的要求,也是扩大内需、拉动经济、改善人民生活的需要。随着我国社会经济的发展和国民可自由支配收入的增加,国民的出境旅游政策也要适当调整,扩大出境旅游。这不仅有利于我国旅游业总体规模的扩大,而且是不断满足人们日益增长的旅游需求、提高国民素质的重要手段,更是建设旅游强国的重要组成部分。

二、我国体育旅游发展历程

我国近代特殊的社会环境和特定的国情等原因,导致我国体育旅游开展得较晚。改革开放前,人们生活水平普遍较低,绝大多数人只能从事一些如跑步、登山、钓鱼、溜冰等健身活动。1979—1992年,在旅游业发展的带动下,大量星级宾馆、饭店的兴建,使很多海外健身配套设施进入内地。随着改革开放的深入,人们生活水平的提高,对健身活动的要求趋向多元化。

随着我国人民生活水平的提高、余暇时间的增加和旅游业的发展,体育旅游市场通过提供特种旅游产品来满足人们个性化的旅游消费需求,现已成为社会投资和体育消费的热点,并且将成为体育产业的一个重要部门。

进入21世纪以来,体育旅游业的发展有了更加有利的条件。根据近年来我国国民经济形势,从国家"十四五"旅游发展规划来看,旅游业作为国民经济战略产业的地位更加巩固。加上近年来体育旅游被人们看成"假日休闲"的一个重要组成部分。从中国丰富的地理资源和多样的自然人文风景来看,全国各地借助旅游资源来打体育牌的景区越来越多(见图6-11至图6-13),有条件的品牌旅游区正积极承办滑雪、攀岩、徒步、溯溪、速降、自行车越野等各种大型国内国际赛事,大力推进了集休闲、健身、养生、度假为一体的互动型的体育旅游业的发展。

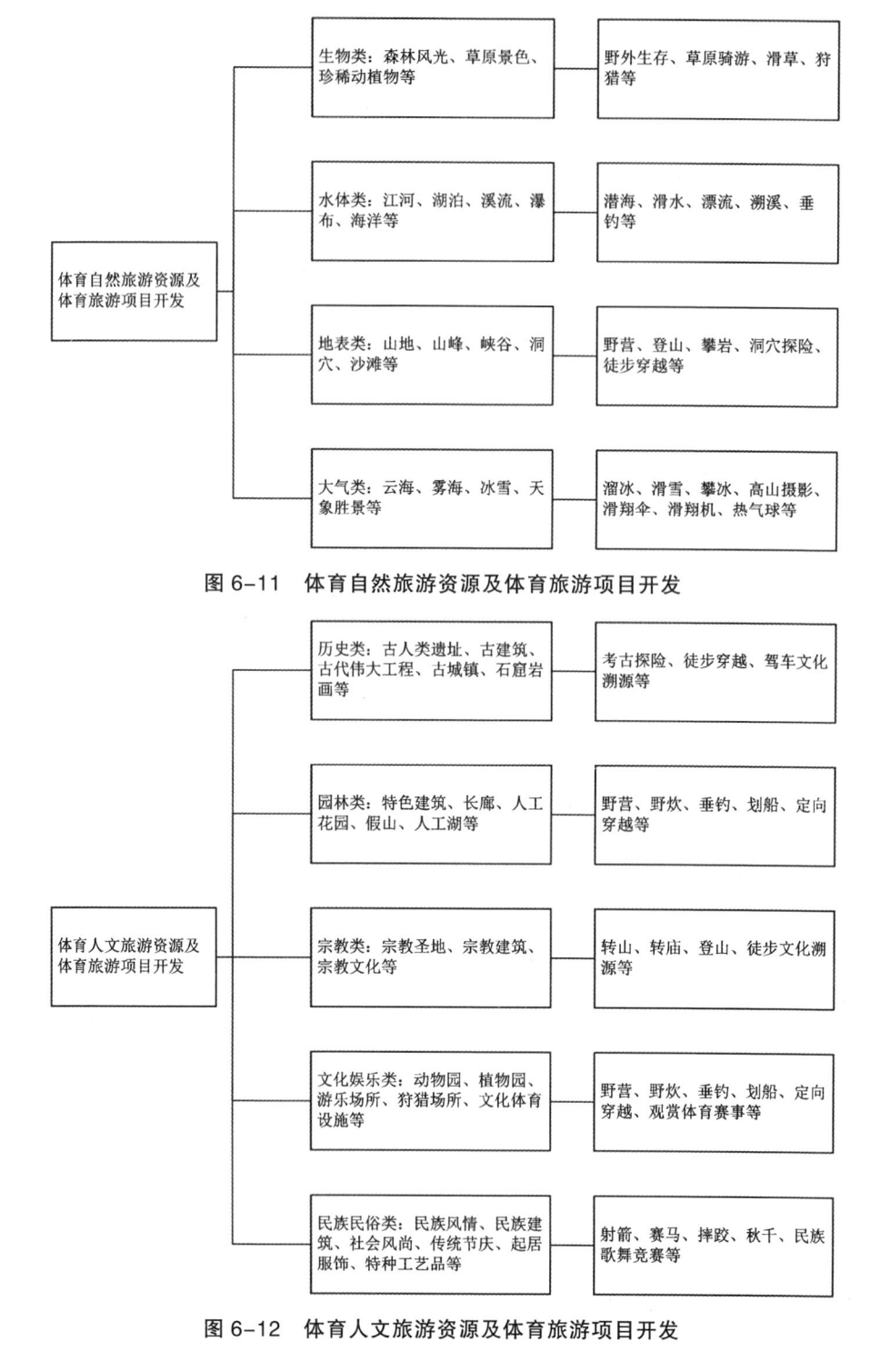

图6-11 体育自然旅游资源及体育旅游项目开发

体育自然旅游资源及体育旅游项目开发
- 生物类：森林风光、草原景色、珍稀动植物等 → 野外生存、草原骑游、滑草、狩猎等
- 水体类：江河、湖泊、溪流、瀑布、海洋等 → 潜海、滑水、漂流、溯溪、垂钓等
- 地表类：山地、山峰、峡谷、洞穴、沙滩等 → 野营、登山、攀岩、洞穴探险、徒步穿越等
- 大气类：云海、雾海、冰雪、天象胜景等 → 溜冰、滑雪、攀冰、高山摄影、滑翔伞、滑翔机、热气球等

图6-11 体育自然旅游资源及体育旅游项目开发

体育人文旅游资源及体育旅游项目开发
- 历史类：古人类遗址、古建筑、古代伟大工程、古城镇、石窟岩画等 → 考古探险、徒步穿越、驾车文化溯源等
- 园林类：特色建筑、长廊、人工花园、假山、人工湖等 → 野营、野炊、垂钓、划船、定向穿越等
- 宗教类：宗教圣地、宗教建筑、宗教文化等 → 转山、转庙、登山、徒步文化溯源等
- 文化娱乐类：动物园、植物园、游乐场所、狩猎场所、文化体育设施等 → 野营、野炊、垂钓、划船、定向穿越、观赏体育赛事等
- 民族民俗类：民族风情、民族建筑、社会风尚、传统节庆、起居服饰、特种工艺品等 → 射箭、赛马、摔跤、秋千、民族歌舞竞赛等

图6-12 体育人文旅游资源及体育旅游项目开发

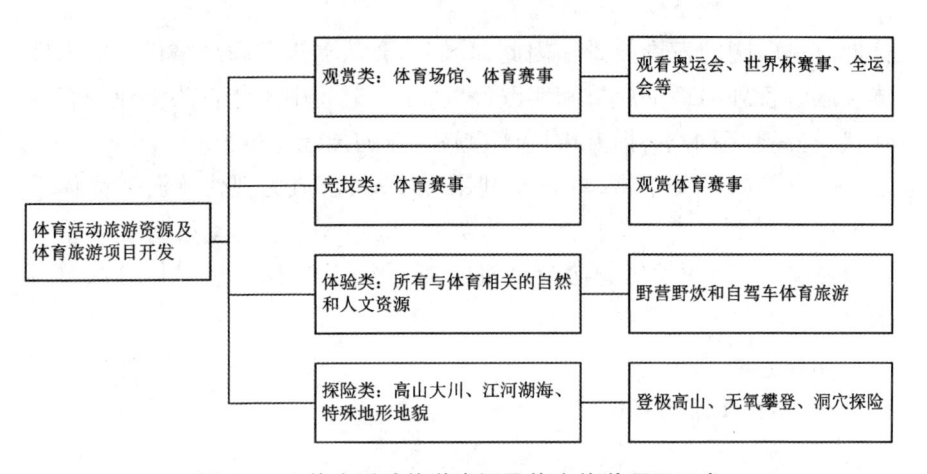

```
                    ┌─ 观赏类：体育场馆、体育赛事 ── 观看奥运会、世界杯赛事、全运会等
                    │
体育活动旅游资源及    ├─ 竞技类：体育赛事 ──────── 观赏体育赛事
体育旅游项目开发      │
                    ├─ 体验类：所有与体育相关的自然 ── 野营野炊和自驾车体育旅游
                    │           和人文资源
                    │
                    └─ 探险类：高山大川、江河湖海、── 登极高山、无氧攀登、洞穴探险
                                特殊地形地貌
```

图 6-13　体育活动旅游资源及体育旅游项目开发

各大旅行社及户外运动俱乐部也花样翻新地举办各类户外自助游项目，其中包括赛马、射箭、滑翔、登山、攀岩、漂流等多种极富刺激性和惊险性的体育项目，不但促进了体育运动的发展，同时带来了巨大的经济效益。

自 20 世纪 90 年代初以来，我国的体育旅游收入以年均 30%~40% 的速度持续增长。随着我国消费结构的升级，以及人们生活方式的改变和对更好生活的追求，我国体育旅游的市场潜力将会进一步被挖掘。

但是我们还应看到，我国体育旅游业的发展仍处于初级阶段，虽然体育旅游产业在规模和经济效益上取得了十分显著的成绩，但在数量和规模扩张的背后也暴露出很多管理问题。

虽然旅游业受不可控因素的影响较大，但从总体和长期上看，我国旅游业仍是国民经济中一个占有重要地位和不可忽视的产业。

无论如何，旅游业所表现出的市场潜力大和增长趋势明显，产业的关联度高，吸纳就业人口能力强以及显著的经济效益等特点，已使其成为我国国民经济中新的经济增长点。

第三节　体育旅游产业市场的开发与管理

未来，国际旅游业将继续保持强劲的增长势头。中国体育旅游业也将拥有更广阔的发展前景。因此,我们需要认真学习和总结借鉴国内外体育旅游管理的理论成果和实践经验,全面改善中国体育旅游业的管理现状,提高管理水平,提升中国体育旅游业的国际竞争力。

体育旅游种类丰富,可开发利用程度高,已成为现代旅游产品体系中的一个重要分支。如奥运会、世界杯、世界大学生运动会等国际重大体育赛事,都是激发体育旅游动机的强大吸引物,同时也是体育旅游者的盛会。

一、体育旅游市场概念

市场是社会生产力发展到一定阶段的产物,它随着商品经济的发展而发展。在现代市场经济条件下,体育旅游市场已经发展为具有全球规模的世界性大市场——旅游市场的重要组成部分。

尽管我国体育旅游资源丰富,市场增长迅速,但由于各种原因,我国体育旅游市场份额所占比例较低,体育旅游的品牌意识不强,宣传策划不到位。市场经营和管理的体制、法制、机制都不够完善,还存在很多体育与旅游机构不愿意合作的现象。因此,研究者须进一步探究、改革、开发,将理论与实践相结合,以促进我国体育旅游业的健康发展。

二、体育旅游业市场的细分

(一)体育旅游市场细分含义

体育旅游的市场细分主要有以下三个含义。

1. 体育旅游业不同的细分市场具有不同的消费特征

体育旅游业不同的细分市场代表不同的体育旅游消费者组群,各个组群的旅游消费者在体育旅游需求上具有明显的差别,这是体育旅游业市场细分的核心与关键。例如,客源市场按其经济条件与消费等级来细分,可分为经济型客源市场、标准型客源市场、豪华型客源市场。

2. 体育旅游业同一细分市场具有相同的消费特征

由于对体育旅游客源市场的划分是按相应的细分因素进行的,因此,在同一细分市场内的旅游消费者群体,在一个方面或几个方面具有相同的消费特征,它们之间的需求差异比较细微。

3.体育旅游业的市场细分是分解和聚合的统一

体育旅游业的市场细分不是简单地将一个整体客源市场加以分解,实际上,完整的市场细分是市场分解与市场聚合的统一。市场分解是把客源市场上具有不同消费需求的体育旅游者群体按细分因素加以归类;而聚合过程是将对体育旅游业产品特性最易做出反应的体育旅游者集合成群,并一直聚合到足以实现体育旅游业利润目标所需的市场规模为止。

(二)体育旅游业市场细分的作用

1.有助于体育旅游业确定经营总方针

体育旅游经营总方针是体育旅游业经营战略与策略决策的集中体现,它的核心问题是向哪些体育旅游者提供什么样的产品,也就是体育旅游业的服务方向及服务重点是什么。一般来说,体育旅游业服务方向与服务重点的确定是借助市场细分来实现的。只有通过科学的市场细分,体育旅游业才能从众多的细分市场中选择适合本企业的服务对象和经营方向,才能根据细分市场的基本情况确定本企业经营的总方针。

2.有利于体育旅游业寻找最佳的市场机会

不同体育旅游形式之间的市场需求量以及对体育旅游者的满足程度存在着一定的差异。任何一家体育旅游企业的优势只是某一方面的相对优势,而不是绝对优势。体育旅游市场上存在着大量的市场机会,但这些市场机会能否成为体育旅游业最佳的市场机会,则取决于体育旅游业资源的潜力、市场的适应性和市场的选择性。

3.有利于体育旅游业制定市场竞争策略

体育旅游业经营的特性决定了体育旅游业的经营效益,这主要取决于客源量及价格水平。在买方市场,各家体育旅游企业为了争夺客源,市场竞争十分激烈。通过市场细分将粗分需求满足变为细分需求满足,将面向全体市场经营变为面向部分市场经营,将粗放经营转向集约经营,有利于体育旅游业发挥经营优势,提高经营效益。

(三)体育旅游业市场细分标准

体育旅游需求的差异性按什么标准去细分,却没有一个统一的定义。各个不同的体育旅游企业可根据企业自身的具体情况,以及经营市场的范围来确定细分的标准。一般情况下,体育旅游业市场细分的标准有以下三大类,如图 6-14 所示。

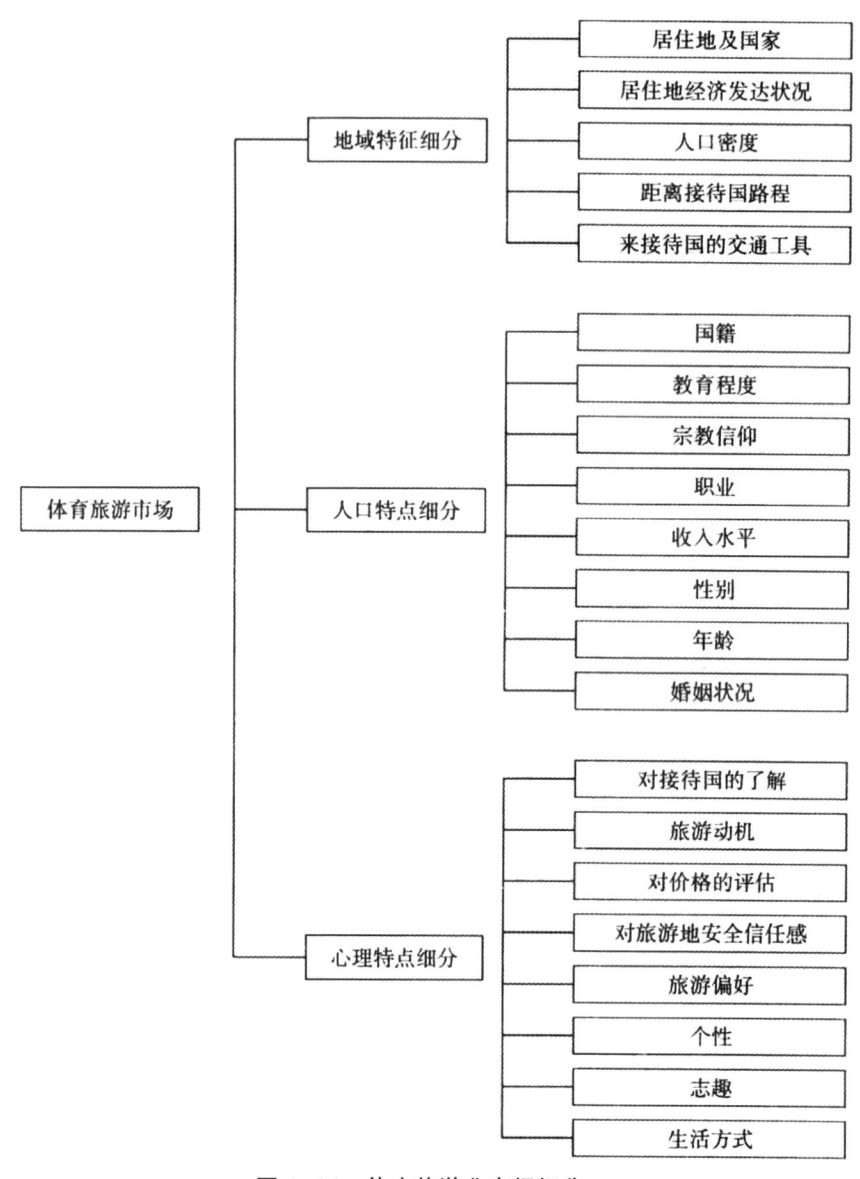

体育旅游市场
- 地域特征细分
  - 居住地及国家
  - 居住地经济发达状况
  - 人口密度
  - 距离接待国路程
  - 来接待国的交通工具
- 人口特点细分
  - 国籍
  - 教育程度
  - 宗教信仰
  - 职业
  - 收入水平
  - 性别
  - 年龄
  - 婚姻状况
- 心理特点细分
  - 对接待国的了解
  - 旅游动机
  - 对价格的评估
  - 对旅游地安全信任感
  - 旅游偏好
  - 个性
  - 志趣
  - 生活方式

图 6-14 体育旅游业市场细分

1. 地理标准

市场细分的地理标准是指体育旅游业根据地理因素将客源市场分为不同的地理区域。根据体育旅游者的国别、地区和城市来细分市场，有助于体育旅游企业研究不同地区体育旅游者的需求特点、需求总量、需求水平和需求方向。体育旅游业按照地理标准细分市场时要注意市场的密度，即特定的地区性市场对旅游产品需求的潜力。它不仅与这个地区的总人口有关，更与这个地区的经济发展水平以及体育旅游消费地区性有关。

2. 人口标准

处于不同自然状态和社会构成下的人，在体育旅游需求规模、体育旅游需求时间及地区的投向、体育旅游消费水平的高低、体育旅游活动方式的选择等方面都具有不同的特点，因此产生了需求差异。

3. 心理行为标准

在地理与人口因素相同的体育旅游者群体当中，由于人们的旅游动机、生活方式和个性特征存在差异，他们对于体育旅游产品的态度是不同的。体育旅游业利用心理行为标准细分市场，可从人们心理活动所形成的旅游动机、旅游类型、对价格敏感程度和对品牌依赖程度的不同，来研究各个细分市场的经营。

目前我国体育旅游业市场较多采用项群细分的方法，见表6-2。进行体育旅游业市场细分时，应注意选择好细分基础，只有准确地确定细分市场，体育旅游消费者才会对特定的营销组合产生积极反应。

表 6-2　按项群分类的体育旅游业细分市场

体育旅游业细分市场	体育旅游产品
体育健身旅游	登山、冲浪、越野、有氧运动、健美、游泳等
休闲度假旅游	钓鱼、海水浴、森林浴、高尔夫球、网球、保龄球、骑马、划船等
体育观战旅游	奥运会、亚运会、世界杯、世锦赛、足球联赛、其他大型赛事
体育探险旅游	高山探险、森林探险、戈壁旅游、攀岩、漂流、潜水、蹦极等
体育竞技旅游	水上运动、球类运动、冰雪运动、动力伞、驾驶等
民俗体育旅游	武术、风筝、龙舟、热气球、那达慕等

三、体育旅游业目标市场的选择

（一）体育旅游业目标市场的含义

体育旅游业的目标市场，是指体育旅游业准备用其产品与服务来充分满足的一组或几组特定的体育旅游群体。或者说，目标市场是体育旅游业准备在其中从事经营活动的一个或几个特定的细分市场。

体育旅游业的市场细分与目标市场的选择既有联系又有区别。体育旅游业的市场细分是按一定标准划分不同体育旅游者群体的过程，而目标市场的选择是体育旅游业选择细分市场的结果和作出经营对象决策的过程。由此可见，体育旅游业目标市场的选择是在市场细分基础上进行的，市场细分是体育旅游业选择目标市场的基础，目标市场的选择则是体育旅游业市场细分的结果。

（二）体育旅游业目标市场选择应考虑的因素

1. 市场规模与发展潜力

体育旅游业在选择目标市场时，必须考虑各个细分市场的规模和发展潜力，也就是每个细分市场的现实客源量与未来客源量。体育旅游业目标市场的客源规模与发展潜力对体育旅游业经营效益具有重大影响。这里并不强调它的绝对规模，仅注重体育旅游业资源与经营能力的市场规模。

2. 市场结构

体育旅游业的经营活动中，有时会出现目标市场规模与发展潜力较为理想，但利润水平较低甚至亏损的现象。这主要是体育旅游业目标市场的结构不合理的缘故。因此，体育旅游业在选择目标市场时，还要考虑目标市场的结构。体育旅游业与市场关系主要表现为行业内的竞争者、潜在竞争者和旅游中间商对企业经营的威胁。

3. 体育旅游业的经营目标与资源

体育旅游业在选择目标市场时，除了考虑市场规模与发展潜力、目标市场的结构以外，还要将体育旅游业的经营目标以及资源与目标市场的情况结合起来考虑,以便确保体育旅游业的目标市场与企业的经营目标及资源状况相适应。

(三)体育旅游业目标市场的选择过程

1. 分析细分市场

体育旅游企业可根据以往企业经营资料以及各类统计数据,按照确定的市场细分因素及细分标准,全面研究各类细分市场的客源状况,找出本企业应有的主要客源市场。同时,体育旅游企业还要研究原有的客源市场在本行业内的市场占有率,以便确定本企业的主要客源市场占有率。

体育旅游业目标市场选择的关键,在于发现每个细分市场的开发潜力。细分市场的开发潜力是指经过体育旅游业的经营开发以后,某个细分市场在一定时间内所能达到的需求规模。它或是通过产品开发增加新的需求来实现,或是通过市场促销使需求转移来完成。

2. 评估目标市场

体育旅游业目标市场的选择是在市场细分的基础上进行的,因此目标市场的评估也要在细分市场评价的基础上进行。体育旅游业目标市场的评估主要包括评估各类细分市场的经营业绩和判断每一细分市场的经营吸引力两个步骤。

3. 确定竞争对手

一般来讲,主要竞争对手是那些以相同或相似的价格,向相同的体育旅游者提供相似产品的其他旅游企业。在识别主要竞争对手之后,体育旅游业还要研究主要竞争对手的经营目标和评估主要竞争对手的优势与劣势。

第七章

冰雪休闲体育产业的经营与管理

  冰雪体育文化因其独特性和开展条件,在我国东北地区得到了较好的开展,有着非常广阔的发展前景,并呈现出良好的体育文化认同和自信发展态势,这既促进了我国冰雪体育运动的良好发展,同时也为我国落实全民冰雪运动理念打下了扎实的基础。北京2022年冬奥会的成功举办,不仅为我国带来了巨大的社会效益,对探索冰雪休闲体育文化的传播和发展也具有重要的现实意义。

第一节　冰雪休闲体育产业概述

一、冰雪项目的起源

冰雪运动是非常受欢迎的冬季运动项目，在我国北方尤其如此。凡是在冰面和雪地上进行的体育活动都可称为冰雪运动，包括滑冰、冰上舞蹈、冰球运动、掷冰壶等冰上运动，以及越野滑雪、高山滑雪、跳台滑雪、花样滑雪等雪地运动。

我们已经无法知道世界上第一副滑雪板是什么样子了，据古代石刻所述，早在4000年以前，就产生了所谓的滑雪板，现存最古老的滑雪板已有2300多年的历史。在今天的挪威首都奥斯陆的滑雪博物馆里，还陈列着1500年前的滑雪板样品，这就是我们现在所能见到的最早的滑雪板。根据欧洲和日本的有关资料记载，人们都认为滑雪运动起源于北欧，人们为了解决在雪中行走下陷的问题，把长条木板绑在脚下，不仅解决了难题，而且可以在雪上滑行走动，这就是滑雪运动的历史过程。

滑冰的出现，远远晚于滑雪。如果说滑雪是远古时期的产物，那么滑冰则诞生在中世纪。关于滑冰产生的原因有两种说法。一是认为滑冰的产生源于心理需要。当人类由奴隶社会过渡到封建社会以后，束缚自由的枷锁被打开，生活方式也发生了相应的变化，追求娱乐的心理需求增强。二是滑冰起源于荷兰，当时人们使用木质的爬犁在冰上做运输工具，后来人们在实践中发现，野兽骨头比木头更容易在冰上滑行，于是改用动物骨头作为滑行用具，这就是人类最原始的冰上滑行用具——骨制冰刀。[1]

---

[1] 陶宇平.体育旅游学概论[M].北京：人民体育出版社，2012.

二、冰雪休闲体育产业的概念与类型

（一）冰雪休闲产业的概念

根据休闲产业的概念，我们把广义的冰雪休闲体育产业定义为：以冰雪休闲资源为依托，以冰雪休闲实施为基础，以冰雪休闲产品为手段，以冰雪市场为对象，通过提供冰雪休闲体育服务满足休闲消费多样化需求，并以此获得经济利益的综合性行业。

冰雪休闲资源、冰雪休闲设施、冰雪休闲产品、冰雪休闲市场、冰雪休闲服务是冰雪休闲体育产业经营管理的几个要素。冰雪休闲资源主要是指冰雪资源，包括自然形成的冰雪和人工制造的冰雪；冰雪休闲设施主要是指和冰雪运动有关的体育设施，包括冰刀、滑雪板、滑雪杖、索道、造雪机等；冰雪休闲产品主要是指冰雪这项运动，即大众滑雪；冰雪休闲市场主要是指以冰雪为依托形成的市场，包括冰雪竞赛表演市场、冰雪旅游市场、冰雪训练市场等；冰雪休闲服务是指为冰雪运动提供的各种各样的劳动，包括清理雪道，为冰雪运动者提供雪鞋、滑雪杖等的劳动。

（二）冰雪休闲产业的类型

冰雪运动大体上可分为四大类，实用滑雪、竞技滑雪、大众滑雪、探险滑雪。我们这里所说的冰雪休闲产业多侧重于大众滑雪，大众滑雪是以健身和娱乐为目的进行的群众性滑雪运动，主要有高山滑雪、越野滑雪、单板滑雪等。大众滑雪在欧洲和北美洲开展得早，已经有上百年的历史，非常普及，以位于欧洲阿尔卑斯山脉地区的法国为例，每年冬季滑雪的人数有700多万人。在亚洲，日本和韩国开展得比较早，其中20世纪末是日本冰雪运动发展的鼎盛时期，滑雪人数曾达到1800多万人。目前我国的大众滑雪正处于迅速发展的阶段。

三、发展冰雪休闲体育产业的意义

（一）促进冰雪运动发展

文化是一种精神力量，它能够为项目的发展提供指引，其在社会中所营造的良好文化氛围能够在一定程度上决定事物的发展走向。通过对我国冰雪体育运动现阶段的开展情况分析可知,冰雪运动在竞技和群众两个领域的发展并不平衡,群众基础相对较为薄弱,冰雪文化的传播也比较迟缓,与其他发达国家相比,我国冰雪体育技术体系还不够成熟。

冰雪体育运动在我国的发展相对较晚,随着它的快速传播,越来越多的人参与到冰雪运动中,开展区域得到不断扩大,这对广大群众形成了导向,大众开始慢慢接受,学会欣赏冰雪体育运动,并乐于参与其中。由此可见,推广冰雪体育文化,对于冰雪体育运动的开展具有重要意义。

(二)增强国民体质

开展体育运动项目的目的就是促进国民身体素质水平不断提高,这也是我国开展体育工作的根本任务。由于环境的特殊性,参与冰雪运动需要参与者具有较好的身体机能和心理素质。冰雪体育运动能够增强参与者的呼吸机能和免疫系统功能,促使其更好地适应极端环境,这对于国民身体素质的提高具有重要意义。

(三)强化民族文化自信

民族自信和文化自信的增强对于体育强国的建设具有重要作用和意义。体育既是一个国家和民族文化的体现,同时也是一个国家和民族软实力的一部分。研究表明,我国新疆阿勒泰地区是世界滑雪起源地,在这里发现了人类最早的冰雪活动痕迹。2022年北京冬奥会的举办对中国冰雪体育文化的传播意义重大。我国民族众多,各族人民的生活方式、行为习惯、风俗都有着很大的不同,"冰嬉"作为一种传统文化活动发展到现在,已经成为我国传统冰雪文化的代表。通过与文化建设相结合,能够更好地明确我国冰雪体育未来发展方向,以更好地确保体育强国战略得以顺利推进。

四、冰雪休闲体育文化传播的途径

(一)大众传播

2022年北京冬季奥运会的成功申办和举办,为我国冬季冰雪运动的开展和发展带来了"东风",全国范围内越来越多的人成为冬季冰雪运动的参与者和关注者。随着全国范围内冰雪运动的开展和推广,冰雪运动的覆盖范围扩大,参与者数量增多,不同领域的社会成员参与其中。

群众是传播文化的沃土,只有具备一定数量的群众作为基础,才能保证文化得以顺利传播,因此冰雪体育运动文化只有面向广大群众,满足群众需求才能获得有效发展和传播。群众参与数量和参与度的不断提高,为我国冰雪文化的传播奠定了坚实的群众基础。在我国冰雪体育文化传播方面,越来越多的社会组织加入进来,成为其中的中坚力量。例如,一些冰雪俱乐部、冰雪协会等通过组织相应的冰雪运动培训和冰雪体育赛事活动,不断扩大冰雪体育参与人群。

冰雪体育运动文化只有找到与现代人们生活相契合的"点",才能得到相应的发展,娱乐和健身便是其中的"点"。我国冰雪体育文化因具有较好的娱乐性和健身性得以在民间广泛流传。对单脚驴、滑爬犁、抽冰猴等民间冰雪运动项目进行积极推广,能够较好地拉近冰雪运动与人们之间的距离,在群众的土壤中埋下冰雪体育文化的种子。

(二)体育赛事传播

为了筹办好北京冬奥会,我国提出了"让三亿人参与冰雪运动"的号召,鼓励社会大众积极参与冰雪运动。通过举办各种级别、各种类型的冰雪体育比赛,来吸引社会不同群体参与,推广冰雪体育文化,特别是重视冰雪体育文化在青少年群体中的传播。

与此同时,在对冰雪体育赛事进行筹备的过程中,要加强对冰雪赛事场地的建设,为冰雪体育文化的传播和发展奠定物质基础。对于大型赛事场地的建设,在满足比赛需求的同时,还要满足日常训练以及社会群众参与的要求;加强比赛场馆的综合利用,促使区域经济和冰雪赛事文化都得到发展。

通过以赛事为抓手,向人们推广和普及冰雪体育文化,更好地展现冰雪运动人文内涵,借助冬奥会、全运会等大型赛事来做好相应冰雪体育文化的传播。

(三)新媒体传播

应充分借助当下"互联网+"的优势,积极推行"互联网+冰雪体育文化传播"模式,借助微信、微博等网络平台来大力推广冰雪体育文化,实现冰雪体育文化与传统媒体和网络新媒体的有效结合,提升社会大众对冰雪体育文化的认知水平和兴趣,满足人们的审美和娱乐需求。

第二节　冰雪休闲体育产业发展现状分析

目前我国滑雪场主要集中在黑龙江、吉林、辽宁、河北、北京等地。由于气候的原因,南方数量极少,只能建造室内滑雪场。由于费用极高,只有上海、广州、深圳、承德、北京顺义乔波、河南省的伏牛山等较发达的地区才有室内滑雪场。对于南方人来说,滑雪是一项非常奢侈的消费,不论买还是租冰雪器材都很昂贵,票价极高,还有教练费、交通费、餐饮费等,一个人一次最少也要花费上千元,这对普通百姓来说确实是一笔很大的开销。滑雪成了许多南方滑雪爱好者的高消费。国内滑雪场应该向国外学习,达到系列化服务。[①] 在哈尔滨周边的一些滑雪场,它为了吸引更多的消费者,百元的滑雪费用中还包括了就餐费,但就算滑雪场采取如此优惠的价格,市民去滑一次雪也需要三四百元。这对于哈尔滨普通收入的市民来说,也只能几个月去一次。近些年,北京、河北陆续建成一批新的滑雪场,上海、杭州、深圳等城市也建成了一些室内滑雪场。

当前,我国冰雪产业获得了空前发展,现在每年春节黄金周期间,黑龙江各大雪场人满为患,一票难求,游客"搅热"了黑龙江春节冰雪旅游。由此我们可以看出,我国冰雪运动市场已经具备了一定规模,和冰雪有关的一切运动器材和设备有了很大的发展空间,我国的冰雪运动将会持续健康地开展。随着我国人民生活质量的不断提高,冰雪体育休闲运动将会赢得广大人民的喜爱,在客观上为冰雪运动装备制造业提供了很大的市场驱动力。但是目前我国冰雪运动装备制造业还处于萌芽阶段,大量的冰雪运动所需要的技术和装备还需要依赖于国外,还要从国外引进。目前我国的滑雪板生产经营企业多数是依托于其他主要业务,滑雪板生产只是附带业务而已,还没有形成一定的生产规模,因此,加

---

① 杨铁黎,苏义民.休闲体育产业概论[M].北京:高等教育出版社,2011.

大和冰雪有关的运动器材和设备的生产和制造对我国冰雪休闲产业的深入发展有重要作用。

第三节 冰雪休闲体育产业经营与管理的策略

冰雪休闲体育消费是一种经济行为,或者说它首先受经济条件的制约。冰雪休闲体育市场具备一般市场的共同点,遵循价值规律、供求调节、竞争等一般规律,但冰雪休闲体育市场又有其自身的一些特点,因此做好冰雪休闲体育产业经营与管理有利于推动我国冰雪体育产业向更深入的方向发展。

一、加强冰雪市场的培育与开发

只有具备良好的文化基础,才能更好地推动冰雪体育文化的发展。冰雪体育文化的培育需要以冰雪体育项目可持续发展的市场基础作为依据,通过对当前冰雪体育资源进行合理化配置,强化冰雪体育发展根基等,来促使市场环境中冰雪体育文化的核心竞争力得到整体提高;通过冰雪体育文化的潜在优势为其发展提供有效、科学的指导和评价。

我国北方冰雪资源非常丰富,在促进冰雪体育文化大力发展时,除了要重视冰雪体育文化根基外,还要结合当地的文化特色,有效整合各种优势资源,以便更好地培育冰雪体育文化市场。

一些地区尚不具备良好的冰雪体育资源,无法进行市场化开发,可以将重心放在对冰雪体育资源的挖掘上,发展冰雪体育文化创意产业、培训产业和服务产业等,从而实现冰雪体育产业在娱乐、赛事、旅游等方面的集中式发展。

二、对冰雪文化资源进行有机整合

对冰雪文化资源进行有机整合,促进文化集聚效应的形成与扩大,在大力推动冰雪体育文化产业经济得到快速增长的同时,还要处理好冰雪体育文化与外界环境之间的共生发展关系,有效整合冰雪体育文化的信息资源、人力资源、社会资源、自然资源和基础社会资源。此外,对于各行业、各区域之间存在的差异性,应有充分的认识,正确看待冰雪体育文化在发展过程中与政治、经济之间的平衡关系。所以,在具体实践过程中,对于各区域之间的局限性,应有意识地进行突破,对冰雪体育文化资源耦合机制进行构建和完善,应对冰雪体育文化产品在各区域之间的自由流动进行有意识的推动,有效整合和合理配置冰雪体育文化资源,以获得最大化的效果。

三、落实冰雪体育文化的教育和宣传工作

积极落实冰雪体育文化的教育和宣传工作,加大其创新力度,是促使冰雪体育文化核心竞争力得以提高的关键。对于冰雪体育文化的宣传和普及工作来说,政府和学校在其中扮演着非常重要的角色。在开展体育教学活动时,学校可以通过定期组织学生参与冰雪活动、冰雪竞赛等,培养和提高学生参与冰雪活动的兴趣和积极性。此外,根据相关冰雪体育政策方针,落实和开展特色冰雪体育文化教育工作,大力宣传冰雪体育文化,提升其社会影响力。

四、打造特色品牌,提升竞争实力

此外,在创新冰雪体育文化时,应先有效整合现有的冰雪体育资源,并对其进行开发和利用,同时加大人力资源和技术资源的投入力度,充分利用品牌影响力和品牌效应所带来的优势,更好地提升冰雪体育文化的经济效益和竞争力。

第八章

其他休闲体育产业的经营与管理

休闲是当代社会必须正视的一个重要问题。休闲体育是人们在闲暇时间以增进身心健康、丰富和创造生活情趣、完善自我为目的的身体锻炼活动。休闲体育是人们度过闲暇时光的一种健康、文明的娱乐活动，它对于引导人们建立健康的生活方式有重要的作用。本章重点阐述了电子竞技产业、滨海休闲体育产业和垂钓休闲产业的经营与管理。

第一节　电子竞技产业的经营与管理

一、电子竞技产业概念与分类

(一)电子竞技产业的概念

电子竞技产业目前正处于高速发展的阶段,虽然未来会出现哪些关于电子竞技的新兴行业不得而知,但是一个产业的发展离不开它本身内在的发展规律,所以我们在学习和了解电子竞技产业概念之前,首先需要知道什么是产业。理解和把握产业的含义可以帮助我们从不同学科、不同角度、不同目的、不同场合进行考察与研究。

电子竞技产业就是体育产业和游戏产业交叉的产物。关于电子竞技产业的概念问题,国内外尚无明确的界定。尽管欧美等发达国家的电子竞技产业发展起步较早,但电子竞技教育方面与我们一样处于起步阶段,还未建立电子竞技理论体系。本书结合产业学、产业经济学知识,参考游戏产业与体育产业的相关概念,从目前电子竞技产业统计的现实与三次产业分类法的角度出发,将电子竞技产业概念分为广义与狭义两个方面,形成完整的电子竞技产业概念。

1. 广义的电子竞技产业

与传统的产业理论和经济理论观点不同,基于我国电子竞技产业高速发展的现实,从理论规范的角度出发,也从目前电子竞技产业统计的现实出发,对电子竞技产业做出广义的解释:电子竞技产业是为消费者提供电子竞技所需的产品和服务的活动,以及与这些活动相关联活动的集合,包括游戏的研发商、上游的硬件提供商、游戏在各地区的市场运营商、网络运营服务商、赛事赞助企业、下游的传播媒介和终端用户等。

2. 狭义的电子竞技产业

无论是参考体育产业、游戏产业的相关理论,还是参考相关的实践工作,体育产业和游戏产业本身在我国的发展还处于相对初级的阶段。依据国际广泛采用的三次产业分类法,体育产业和游戏产业都属于第三产业,电子竞技产业属于体育产业与游戏产业的交叉产业,因此,电子竞技产业的基本内容只能限定在第三产业所包括的范围内,即向社会提供各种电子竞技服务的有关部门。

(二)电子竞技产业分类

在产业发展阶段理论中,电子竞技产业正处于产业的成长阶段,即处于生产实践发展,产业技术水平不断提高,生产力水平提高,企业数量增加的阶段。产业的成长期是产业发展过程中一个非常重要的环节,此时,产业已经度过了幼年时的危险期,但能否进入成熟期还有待考量。

电子竞技产业既包含电子竞技运动方面,也包含电子竞技游戏方面,是体育与游戏产业的结合。就电子竞技产业的发展现状来说,可以将电子竞技产业分为以下14大类,分别是:电子竞技管理活动、电子竞技竞赛表演活动、电子竞技休闲活动、电子竞技场馆服务、电子竞技中介服务、电子竞技培训与教育、电子竞技传媒与信息服务、其他与电子竞技相关服务、电子竞技用品及相关产品制造、电子竞技用品及相关产品销售、电子竞技场地设施建设、PC游戏的研发与运营、移动游戏的研发与运营,以及专用游戏设备的研发与运营。

(三)电子竞技产业的特征

电子竞技起初主要以电子游戏的形式出现在人们的视野中,以其成本低、便捷、娱乐性强的特点收获了大批"80后""90后"的忠实玩家。随着互联网的发展和计算机的普及,电子竞技以其耗能少、成本低、污染小、娱乐性强、社交性好、产业关联度高,以及辐射范围广等优势,受到世界各国的高度重视。综观国内外电子竞技产业的发展,归纳出以下特征。

1. 经营性

从本质上来说,电子竞技产业属于经济活动的产物,具有经营性的特征。在社会主义市场经济条件下,从事电子竞技产业的人员依法享有守法经营、缴纳税费、利润获取等义务与权利。电子竞技产业的经营者也必然按照市场经济的基本法则,进行投资、核算,提供各类服务和产品,以获得市场竞争优势,得到进一步的发展。

2. 关联性

电子竞技产业的发展可以直接带动其他相关产业的发展,还可以间接推动国民经济。例如,电子竞技产业的蓬勃发展,带动了旅游业、纺织服装业、硬件制造业、餐饮业、交通运输业等产业的发展。

3. 全球性

电子竞技属于体育运动,体育运动是一种规则性极高的文化活动。随着经济全球化趋势的发展,电子竞技产业的国际化和竞争性也日趋强化。在当下电子竞技赛事中,国际性赛事会更加吸引全球玩家的目光。未来,国际体育协会组织将增设电子竞技项目组,为国际赛事的举办、电子竞技选手的国际交流、电子竞技业务的跨国发展提供保障。

4. 多样性

电子竞技项目与传统体育运动项目既有点相似,又有些许不同。传统体育运动经过数十个世纪的演变与发展,其运动项目与方式规则基本定型。但是,只要电子竞技产业不断发展,电子竞技项目的数量就会不断增加。同时,电子竞技项目承载的载体也多种多样,再加上相对应的赛事、俱乐部、衍生产品制造等的出现,电子竞技产业的规模会越来越庞大,形式也会越来越丰富。

二、电子竞技赛事活动运营

电子竞技赛事是随着电子竞技的发展而发展起来的。在这一过程中,赛事活动受到自身条件的限制,以及社会、政治和经济的影响,需要不断调整自身的运营方式和活动形式。从最早的电子竞技赛事举办以来,到《英雄联盟》S系列赛、《DOTA2》国际邀请赛、暴雪嘉年华等国际大型赛事的开展,电子竞技赛事发展成为集社会、政治、经济、文化因素于一体的特殊事件。

（一）电子竞技赛事活动的特征

1. 广阔的市场前景

我国作为电子竞技大国，目前拥有大量电子竞技用户，且用户人数还在不断增长。在全球电子竞技产业收入中，我国的电子竞技收入稳居第二。电竞赛事的全民化渗透具有难以想象的庞大空间。在此基础上，赛事举办拥有广阔的市场前景。

2. 不同的电子竞技项目连接着广泛的参赛者和关注者

电子竞技赛事的内容具有多样性，前有《反恐精英》《DOTA》，后有《英雄联盟》《守望先锋》及现在新兴的《王者荣耀》。而玩家很少集中关注单一的游戏项目，这就使得一项电子竞技赛事通常会引发整个电子竞技市场的连锁反应，波及各个电子竞技项目的爱好者和关注者，在此过程中电子竞技赛事活动本身的影响力不断增强。

3. 存在着组织、计划、控制风险和培训训练等实施内容

大型的赛事举办涉及管理学的内容，包括计划、组织、领导和控制等各项管理职能，作为大型活动的现场，又必然涉及风险控制的内容，因此，赛事活动的运营商就需要综合考量各方面的因素，特别是在大型封闭式场馆举办活动的安全因素，确保赛事的有序进行。

4. 由不同分工的管理者共同协作

电子竞技赛事活动的运营需要一个专业的团队。团队中需要配备以下工作人员：赛事运作管理者、市场营销人员、人事管理人员、工程安装管理人员、办公人员及公关协调人员等。这些人既要各司其职，又要紧密合作，这对赛事的成功运营至关重要。

（二）电子竞技赛事活动生命周期

广义的电子竞技赛事生命周期包括赛事衍生品的运行周期；狭义的赛事活动周期就是指整个电子竞技赛事从决策阶段到完成阶段进行总结评估的这一时间段。在此，我们重点了解狭义的电子竞技赛事活动生命周期。

一个完整的电子竞技赛事活动的举办，可分为以下六个阶段。

1. 电子竞技赛事选择阶段

这一阶段中,明确的工作任务是确定受众群体对赛事的需求,完成调研数据并进行分析,确认电子竞技赛事的活动项目并提出可行性分析报告。

2. 电子竞技赛事举办权获得阶段

大规模的电子竞技赛事属于大型事件,需要由地方政府或中央政府批准决策。小型的电子竞技赛事规模不大的话,作出决策这一程序就会相对简化。但无论是大型赛事还是小型赛事,都要提交举办赛事的申请材料,并筹备工作。必要的时候,还要对赛事的申办进行现场陈述。

3. 电子竞技赛事方案制订阶段

这一阶段中,需要完成的工作有制作赛事预算、制订赛事的运营方案。

4. 电子竞技赛事的组织筹备阶段

这一阶段,就是最重要的落地阶段。其主要工作有确认比赛场地的基础设施及确定比赛用品,在筹备竞赛工作的同时,进行赛事的宣传和营销来扩大影响力,抓住每一个潜在用户对于电子竞技赛事的关注度。

5. 电子竞技赛事的举办和管理阶段

这一阶段,是对之前计划和方案的具体实施,此外还要加上后勤保障以及对突发事件的监控,是整个赛事阶段中最紧张,也最受关注的一个阶段。

6. 电子竞技赛事收尾阶段

经过了最紧张的举办和控制阶段后,收尾阶段的主要工作是对赛事的总结和评估,并对赛事结束之后的一些相关情况进行统一的布置和管理。例如,拆除一些搭建设备,进行保洁清理工作,完成对参赛者的满意度调查以及赛事后的宣传工作等。

(三)电子竞技赛事活动的运营管理方法

电子竞技赛事活动的运营管理是一项极其复杂且艰巨的综合性工作。要实现对赛事运营的有效管理,就必须依据科学的管理方法,做出可行的方案。当然,不同项目、规模、形式的赛事活动,都会有一些不同的运营管理方法。通过大多数的电子竞技赛事的运营方法,可以总结出以下几种通用的方法。

1. 赛事全生命周期管理法

这是所有赛事管理中最常用的一种方法,它根据赛事的整个生命周期划分出各个阶段的任务,对赛事进行全过程管理,又根据不同的周期任务做出不同的管理方法。

(1)赛事预备策划阶段。在这一阶段中,最常使用的管理方法有可行性研究方法和财政评估方法。

在进行可行性分析方法时,要综合评估赛事项目所涉及的各项信息,并对信息来源进行调查。调查方法有抽样调查、访问法、问卷法等。根据调查,不仅要对赛事的市场需求做出初步预测,还要对赛事项目信息进行分析考证。

财政评估法是针对电子竞技赛事的经济效益而采取的一种管理方法。具体做法是针对赛事举办过程中和赛事举办之后,对能带给举办方的各种利益做出财政评估,评估内容涉及投资、成本、收入及税收等,继而根据评估结果判断电子竞技赛事举办的可行性。

(2)计划筹备阶段。在这一阶段中,要根据电子竞技赛事举办的目标进行赛事各项任务的分解,然后将任务分配到个人,也就是安排工作内容,监控工作进度,在财政的支持上用最低的成本和最高的质量完成各项工作任务。

(3)实施控制阶段。电子竞技赛事的控制包括质量控制、进度控制、成本控制和风险控制四个方面。每一项控制都有着不同的管理方法。例如,质量控制可以采用因果图、控制图等方法;进度控制可采用进度安排表的方法;风险控制可采用风险识别、风险评估和风险规避等方法。

2. 行政管理法

行政管理法就是运用行政手段对电子竞技赛事进行管理的方法。在行政命令、行政指导、行政规定和行政制度的管理下，各项管理任务具有一定的强制性和垂直性。明确责任划分，可以提高赛事整体的运营效率。但是，行政管理法通常会由于权力的过度集中，导致管理水平和行政管理者的能力不相匹配，所以，在采取行政管理法的过程中，要谨慎分配权力。

3. 目标管理法

目标管理法就是将赛事的总目标分解成不同层次的分目标，通过沟通协商，将分目标分摊到各个运营部门和负责人身上，用分目标的完成构建成一个总目标的完成。这个管理方法有利于明确每个工作人员的任务及责任，从而激发工作人员的主观能动性。

三、电子竞技赛事的营销渠道

（一）电子竞技赛事的赞助

当前，电子竞技赛事的赞助商主要以赞助现金和实物的形式进入，电子竞技赛事的规模越来越大，所需要的资金越来越多，但目前电子竞技赛事本身的变现渠道还不成熟，收入与支出严重不匹配，资金最重要的来源仍是赞助商。除此之外，一些赞助商还会赞助比赛需要的专业设备或一些实物作为获胜者的奖励。赞助商通过赞助现金、实物等形式支持电子竞技赛事后，也会获取一定体育赛事的权益。

（二）电子竞技赛事的门票销售

门票是观众观看电子竞技赛事、满足对电子竞技内容需求的重要凭证，同时门票收入可以给予赛事最直观的收益。在电子竞技赛事里，门票分为线上和线下两种形式。顾名思义，线下门票类似于普通的体育赛事门票，是观众有权进入比赛现场的一个凭证。线下门票的特点是价格较高，数量受比赛场馆的限制，门票的版面设计包含赛事的信息、赛事形象及赞助商元素。线上门票则是游戏内购买的虚拟门票，观众可以通过游戏观战平台观看电子竞技赛事。线上门票的特点是价格较低，数量不受限制,打破了地域的限制,让观众即使不在现场也能身临其境。

（三）电子竞技赛事的直转播权限

直转播权限的开发是电子竞技赛事的又一重要营销渠道,由于政策上的限制,电视台不能播放与电子竞技有关的栏目、赛事。但近年来,随着各类网络直播平台的兴起,电子竞技赛事的直转播权开发也迅速得到了发展。目前,直转播权的开发大抵是指电子竞技赛事的主办方或其他赛事拥有者给媒体授权,在一定时间或区域平台上直播、录播电子竞技赛事,并由此向媒体索求一定的经济收益。

直转播一方面可以增加电子竞技赛事的收入,另一方面也可以借机推广自己的赛事品牌。一个电子竞技赛事的观赏性越高、知名度越大,就越能吸引更多观众和媒体的关注,相应的直转播合约金额也就越大。如果电子竞技赛事的收入增多,赛事的组织就能更加完善,从而获得更多的关注,形成一个良性的循环。

（四）电子竞技赛事特许产品开发

特许产品市场的开发是电子竞技赛事市场开发的新亮点,赛事主办方指定供货商生产和售卖与该赛事、电子竞技游戏有关的人物模型或纪念品等。特许产品的类型多种多样,如以赛事标志和LOGO设计的徽章、T恤、邮票,以电子竞技游戏内人物为模型的纪念品,游戏内道具的实物等。这些产品的价格并不低廉,但是售卖情况依然可观。

（五）电子竞技游戏内营销

电子竞技赛事的市场营销包含两种形式,一种是指主办方将该赛事作为产品进行营销,另一种是主办方将该赛事作为载体进行营销。电子竞技赛事运营模式的差异是造成这两种营销模式的主要原因。第一种运营模式是第三方赛事,是由游戏的研发商与代理商以外的第三方所举办的赛事,主要目的是打造长期的赛事品牌,依靠赞助商、门票、转播、衍生产品等实现盈利。第二种运营模式是第一方赛事,是由游戏的研发商与代理商所举办的电子竞技赛事,主要目的是宣传游戏本身,除了上述第三方赛事的盈利渠道外,还能依靠赛事带来的热度与关注度,通过电子竞技游戏渠道实现盈利。

概括来说,上述营销渠道分别是与利益相关者中的赞助商、媒体、观众合作产生的结果。从模式上说,一种是主办方将电子竞技赛事作为产品进行营销,也是我们所说的第三方赛事的主要营销渠道。另一种是主办方将电子竞技赛事作为载体进行营销,是赛事与利益相关者中的主办方互惠互利的结果,也是我们所说的第一方赛事的主要营销渠道。

第一方赛事里,游戏的运营商与代理商是主办单位,它们的营销渠道除了上述第三方赛事所具有的渠道之外,还能通过举办电子竞技赛事延长游戏的周期,增加用户的稳定性,并在一定程度上激发玩家的热情,刺激游戏内消费,即使赛事的投入与支出并不平衡,游戏内的营销收入仍然能够填补赛事收入的空缺。每年的第一方大型赛事期间,各个游戏内的玩家在线人数及消费数额明显增加。以《英雄联盟》为例,在2016年第六届全球总决赛上,仅赛事期间皮肤与头像的购买量就创造了1840万美元的收益。

四、电子竞技赛事最重要的营销手段——网络营销

电子竞技赛事的网络营销是指以赛事资源为基础,以互联网为平台,对赛事的信息、规程进行一系列的宣传,扩大赛事的知名度和影响力,实现电子竞技赛事的整体营销战略。网络营销对于电子竞技赛事有很多积极的影响,为电子竞技赛事带来了更多的观众、赞助商和媒体,从而提高了电子竞技赛事的经济收益。网络营销能够最大限度地扩大电子竞技赛事的信息传播范围,增加受众群众的数量。由于电子竞技赛事的特殊性,传统受众范围与网络受众范围有很强的交互性与重叠性,且网络宣传的成本远低于传统宣传,所以网络营销是电子竞技赛事营销的重要手段。目前,网络营销的主要渠道有官方网站、微博、微信公众号等。

(一)官方网站建设

官方网站是电子竞技赛事在网络上最直观的形象,也是电子竞技赛事网络营销最重要的渠道。渠道主办单位可以通过官方网站发布赛事的相关信息,如比赛的主要介绍、时间、地点、赛程、赛制等,还可以向参赛者提供报名期限、报名方式,为观众提供观赛指南、购票服务。总的来说,官方网站需要囊括所有电子竞技赛事的相关资讯,使所有人都可以通过官方网站了解到最新、最权威的赛事信息。

（二）微博营销

微博，即微型博客（Micro Blog）的简称，也是博客的一种，是一种通过关注机制，分享简短实时信息的广播式的社交网络平台。电子竞技赛事的微博营销是指以微博为营销平台，通过发布电子竞技赛事相关信息，组织"微话题"、策划"微活动"等方式吸引微博用户关注赛事，从而树立电子竞技赛事良好的品牌形象，达到营销的目的。

（三）微信公众号营销

微信支持跨通信运营商、跨操作系统平台，通过网络快速发送免费语音短信、视频、图片和文字。越来越多的企业在微信公众平台上申请应用账号。通过公众号，企业和商家可以在微信平台上实现和特定群体的文字、图片、语音、视频的全方位沟通、互动，形成了一种主流的线上线下微信互动营销方式。电子竞技赛事的微信公众营销是指赛事主办方利用微信公众平台，传递赛事新闻报道及相关信息，与电子竞技赛事关注者交流互动，从而强化电子竞技赛事的品牌知名度，扩大电子竞技赛事的影响力。电子竞技赛事的微信营销具有互动性强、个性化等特点。电子竞技赛事一般基于微信公众平台订阅号提供赛事资讯和信息，基于微信公众平台服务号提供赛事相关服务。

五、电子游戏的研发商、运营商

（一）电子游戏的研发商、运营商的概念

游戏研发者是指制作电子游戏软件的企业、团体或个人，其中企业性质的游戏研发者一般称为游戏研发商。

游戏运营商，是一个网络游戏中的概念。一般来说，网络游戏运营商是指通过自主研发或取得其他游戏研发商的代理权运营网络游戏，通过出售游戏时间、游戏道具或相关服务为玩家提供增值服务并放置游戏内置广告，从而获得收入的网络公司。

目前，国内的游戏运营环境呈现三足鼎立的局势，以腾讯、网易、完美世界三家最为突出。

（二）电子游戏研发商和运营商发展对于电子竞技产业的意义

电子游戏研发商目前的发展趋势可以用12个字概括，那就是技术创新、细分需求、独立创新。

技术创新是指为了应对玩家对于画面和游戏物理引擎等方面日益高涨的需求，电子游戏研发商必须在技术的研发和创新上精心雕琢、推陈出新。

细分需求是指将玩家的需求仔细划分，针对不同喜好的玩家制作出符合他们自身需求的游戏。

独立创新是指独立游戏制作人或游戏研发厂商，要在现有的游戏基础上，研发出新的游戏类型。尤其是独立游戏制作人，因为资金等方面无法和游戏厂商抗衡，所以他们创新的动力更大。

这三个方面对于电子竞技产业而言都具有积极的促进作用，它们会给玩家带来更好、更耐玩、更加平衡的游戏项目，甚至有可能解决电子竞技项目更迭过快的问题，从而使得电子竞技产业可以真正像传统体育产业一样，形成文化，稳步上升。

从游戏运营商方面来看，最早的游戏研发商只负责游戏研发，或者对游戏需求进行版本更新。在电子竞技方面也是如此。例如，暴雪只负责研发游戏，具体的游戏运营和电子竞技赛事交给了游戏运营商和电子竞技举办方负责。但这样会导致玩家的实时反馈无法最快地传递给游戏研发公司，容易造成版本落后和平衡性紊乱等现象；或者因为运营商或赛事方的能力不足，导致游戏口碑受损；同时，游戏的直接收入和赛事运营情况有更加密切的联系，这使得厂商更愿意举办电子竞技赛事。

随着时代的发展和公司的壮大，社会上出现了很多集游戏研发和游戏运营于一体的公司，如暴雪、维尔福、腾讯、完美世界等公司。这样的公司对比之前只负责游戏研发或只负责游戏运营的公司，在行业内的影响力更加巨大。它们解决了运营、研发及赛事之间容易出现信息资源沟通不到位的问题，实现了自己的比赛自己运营。赛事运营得好，可以延长游戏寿命，而游戏制作精良，又可以促进赛事运营发展，这样实现了产业的良性循环。不过新的问题也随之出现，复合型厂商过于强大的实力使得电子竞技第三方赛事的生存空间越来越小，这对于电子竞技整个业态的发展是比较不利的，这就是当前的时代被称为厂商时代的原因。

总体而言,电子游戏研发商和电子游戏运营商的发展对于电子竞技产业起到的作用都是积极向上的。

六、电子竞技相关产品开发

（一）游戏开发

电子游戏项目是电子竞技的载体,每个电子竞技游戏项目都有其生命周期。因此,不断开发新的电子竞技游戏项目,是电子竞技产业发展的一条重要的道路。

电子游戏的开发涉及软件、绘图、美工、建模、背景设定等一系列的工作,这些往往需要耗费几年的精力。在这段时间内,要通过提案立项、设计、开发、测试评估和发布几个阶段,才能最终完成整个产品。

（二）电子竞技设备开发

近年来,针对电子竞技玩家推出的外设越来越受到市场的喜爱。例如,专业的竞技键盘、鼠标、显示器、电竞椅等产品,这些都需要专业的人员对市场进行深入的调研和分析,以最切合市场需求的方向作为切入点,联合生产商一起设计、生产、推广专业的电子竞技设备。

（三）电子竞技衍生产品开发

一个优秀的电子竞技项目,必然会催生出无数的周边衍生产品。例如,针对玩家对电子竞技项目中英雄人物的喜爱,可以制作一批英雄周边;开发电子竞技项目相关的小游戏等。

七、电子竞技游戏的商业模式

电子竞技作为竞技性体育项目,其发展离不开产业的发展。而一个产业想要健康地发展,制定一套完整可行的商业模式是必不可少的。

（一）商业模式的概念

企业与企业之间、企业的各部门之间,乃至企业与顾客之间、渠道之间存在的各种交易关系和联结方式被称为商业模式。

任何一个商业模式都是由客户价值、企业资源和能力、盈利方式所构成的三维立体模式。

电子竞技游戏的商业模式具象化是指和电子竞技游戏相关的个人或企业的商业模式。

(二)电子竞技游戏的商业模式分析

电子竞技游戏是一个全新的概念,国际上形成电子竞技游戏概念的时间不长。国家体育总局在2003年将电子竞技运动列为中国正式开展的第99个体育项目。电子竞技运动来源于电子游戏。

电子竞技游戏脱胎于网络游戏和单机游戏。随着时代的发展及人们对电子竞技运动的认可,电子竞技游戏逐渐独立化,区别于一般意义的网络游戏和单机游戏。电子竞技游戏是以电子竞技项目为目标设计出来的,它的核心是在公平、公正的基础之上,比拼玩家之间的思维能力、反应能力、手眼协调能力和意志力,以及团队协作能力,这与网络游戏有着很大的区别。如今的电子游戏可以分为单机游戏、电子竞技游戏和网络游戏。

接下来我们了解一下电子竞技游戏的商业模式。

1.售卖游戏及其资料片和版权

最早的电子竞技游戏就是单机游戏辅以局域网功能。游戏公司研发出具有电子竞技概念的作品,当玩家体验完单机游戏的内容之后,可以通过局域网同别的玩家互相对战,从中获取乐趣,如最早的电子竞技项目《雷神之锤》,之后出现的《星际争霸》《魔兽争霸3》《反恐精英》等项目。游戏公司通过售卖游戏软件盈利,利用局域网满足玩家之间对战的基础需求,之后通过电子竞技赛事扩大游戏的影响力,提高其在市场中的占有率和玩家视野内的曝光度,从而增加盈利。在实现可观盈利之后,游戏公司通过游戏本身及其电子竞技赛事的影响力推出资料篇或续作,继续盈利,形成循环。

2.完全免费

随着互联网技术的发展,以及玩家之间原创意识的萌发,很多免费游戏出现在互联网上,其中有许多具有高度娱乐性和竞技性的游戏。《DOTA》就是其中的代表,它是由民间高端玩家和少数精英及广大游戏玩家共同制作的游戏。鉴于暴雪的地图开放政策,很多玩家可以用其提供的地图编辑器自己制作地图。经历过 EUL、羊刀、Icefrog 等人的制作和完善,电子竞技游戏历史上的一个里程碑诞生了。不过正是由于这款游戏诞生的特殊性,《DOTA》到目前为止依然是免费运营,即玩家可以通过《魔兽争霸3》和互联网免费体验它的魅力。

3. 售卖游戏附加服务

从严格意义上说,电子竞技对战平台不能算作电子竞技游戏,但它却是电子竞技发展及电子竞技游戏中不可缺少的一部分。

当互联网和电子竞技发展到一定程度之后,很多玩家不再满足于通过局域网体验电子竞技的魅力,而是希望可以随时随地体验电子竞技,享受高品质的对战环境。于是,电子竞技对战平台诞生了。

最初的电子竞技对战平台以战网为例,它是免费提供给玩家用以网络对战的。随着玩家的数量和需求日益增加,很多对战平台如雨后春笋般出现,并且开创了一种新的盈利模式——附加服务收费,如国内的 vs 对战平台。这些平台虽然免费提供互联网服务,但是需要玩家加入房间,只有同一个房间内的玩家才可以进行对战。

由于电子竞技的天然竞技属性,游戏中会区分出高端玩家和一般玩家,高端玩家间想要直接对战就必须进入高端玩家房,但是房间的人数是有上限的,玩家只有通过购买如 VIP、挤房卡等服务才可以进入房间。于是,这种基于游戏需求的附加服务盈利模式最先被对战平台发现。

4. 售卖游戏内容

随着《DOTA》的火热,这种游戏类型被予以极大的认可。于是,在 2011 年,《英雄联盟》诞生了,这款游戏开创了一种新的盈利模式——售卖游戏里的内容实现盈利。

因为《DOTA》的免费性,整个游戏界都开始向免费游戏转变,《英雄联盟》的基础对战内容是免费的,但是《英雄联盟》通过设置购买英雄、皮肤、符文、升级卡等方式,将游戏里的内容在不太影响竞技平衡性的基础上分割开,进行选择性的售卖。这样的盈利方式因为《英雄联盟》的火爆而得到发展。之后,许多游戏都沿用这样的模式开始运营。

5. 游戏内容与赛事联运

2012年以前,电子竞技赛事和电子竞技游戏是两个相对独立的板块,玩家的认知还停留在某场电子竞技赛事中有自己喜欢的游戏项目,而电子竞技赛事则停留在宣传手段这个层面。但是《DOTA2》国际邀请赛的互动指南改变了这一现状,它将赛事和游戏进一步结合起来实现了联动。互动指南是售卖游戏内容的一个进化形式。在《DOTA2》国际邀请赛期间,购买互动指南的玩家可以得到一定的游戏内容奖励,如某个英雄的某个饰品、某个战队的队旗、特殊的鼠标指针等。与此同时,玩家购买互动指南的部分收入将转入国际邀请赛的奖金池中,从而加大比赛规模和影响力。从玩家角度看,喜欢的战队获得了众筹式的奖金,玩家的荣誉感将得到极大的满足;从选手角度看,高额的奖金使得选手会在国际邀请赛中全力以赴为玩家奉上最精彩的比赛。于是,一年一度的《DOTA2》国际邀请赛成为喜爱这款游戏的玩家的盛宴。这个模式也被之后众多的电子竞技游戏争相模仿。

6. 游戏衍生商品销售

火热的游戏不只是游戏本身让人喜爱,以游戏角色等内容为素材制作的衍生商品也有非常大的吸引力。所以,众多游戏厂商便瞄准了这一模式,对其周边的潜在资源进行深度挖掘。例如,以游戏为主概念的玩具、食物、衣服等实物,以及电影、书籍等文化用品,这些形形色色的商品,构筑了一个庞大的产业链,为游戏厂商带来丰厚利润的同时,还使得游戏业与制造业紧密结合。而电子竞技受众对于游戏及选手的高度认同使得电子竞技受众在衍生商品的消费上活跃度更高。

7. 广告盈利模式

游戏一开始仅仅是一种娱乐的方式。当这种方式被大多数人认可的时候,游戏的用户数有了一个质的飞跃。此时广告主们发现,游戏是一个天生的流量入口,而且其中的用户黏合度非常高。于是广告主开始在游戏里投放广告,如在客户端页面投放、在场景画面的背景投放等。最开始的广告是以游戏公司自我研发的产品为主,之后随着游戏内容的多样化,很多实体企业也在游戏内投放广告。例如,在篮球游戏的人物道具上投放广告,制作一款现实中存在的道具球鞋并赋予其极高的能力值;在电子竞技游戏的英雄皮肤中推出某些广告主的限定皮肤等。这样的方式也深受大家喜爱。

广告盈利模式不但增加了游戏公司的收益,也使得游戏与现实的联动更加紧密,同步扩大双方的影响力。

第二节 滨海休闲体育产业的经营与管理

一、滨海休闲体育运动和滨海休闲体育产业

(一)滨海休闲体育运动

滨海休闲体育运动目前已成为滨海休闲旅游的主要内容和参与方式,从国际上看,也已成为一种时尚休闲方式。20世纪六七十年代,在美国、日本等国家,海上休闲垂钓、游艇等活动迅速兴起,到20世纪90年代初,休闲垂钓、渔业等滨海休闲运动产业已成为这些国家和地区第三产业的重要组成部分。

滨海体育休闲运动是指依托于海岸、沙滩、海岛、海水及海洋民俗文化等海洋自然资源和文化资源而进行的各种休闲体育运动。休闲体育运动根据地理环境不同,有多种类型。滨海休闲体育运动的属性特征在于对海洋资源的依赖和利用,是在海洋及其相关的环境中进行的运动休闲方式。因此,很多学者又将其称为滨海休闲体育或者滨海体育休闲、滨海体育旅游等,它是海洋、体育、休闲以及文化等要素相互融合而形成的一种健康休闲方式,使人融入自然,充分调动自己的身体和感官。因此,在休闲领域,海洋或滨海体育休闲被称为AG4S休闲方式,即滨海休闲体育是在新鲜空气(air)、绿色植被(green vegetation)、阳光(sun)、大海(sea)、沙滩(sand)及运动(sport)中演绎的休闲方式。它显示出人们的休闲活动对最初孕育自身的自然环境和自我身体的回归。国外有学者认为滨海体育休闲已成为当代人们的生活方式。

在国内,有学者认为滨海体育休闲包括四层含义:其一,在余暇时间里、悠闲心态下进行;其二,在海边、沙滩、珊瑚礁、岛屿和近海等区域活动;其三,以体育或运动的内容和形式进行;其四,以身体力行的亲

身体验为重要特征。由此可见,滨海休闲体育运动依赖于海洋相关资源,需要亲身投入参与,兼具海洋、运动、休闲、参与互动等特征。

(二)滨海休闲体育运动产业

在我国,随着"海洋强国"战略的提出,推动海洋经济快速发展成为这一战略的重要内容,与此相关的滨海休闲旅游业、海洋体育休闲产业等也得到了快速发展。海洋经济中第三产业发展最快,已成为海洋经济的重头戏。

我国滨海旅游等海洋第三产业的快速发展,一方面得益于我国经济快速、持续、稳定的发展,人们有了更多的闲暇时间;另一方面也在于国家和地方政府的推动。目前在很多沿海省份和城市,滨海休闲体育产业(滨海旅游业)已成为当地政府重点扶持产业或打造的区域品牌。总体而言,随着我国经济的发展,公众消费的强劲增长,滨海休闲体育旅游已成为新的消费热点,越来越受大众的喜爱。以下选取几个滨海休闲体育运动产业发展较好的沿海省市做一简要分析,从中可以看出我国滨海休闲体育运动的发展情况。

舟山是我国唯一的群岛城市,有"千岛之城"之称。近年来,舟山承办了多项国际和全国性体育赛事,如国际女子公路自行车赛、全国大帆船赛、全国海钓锦标赛、全国沙滩足球锦标赛等,"千岛之城"也随着这些赛事而扬名海内外。

随着舟山群岛新区建设上升为国家战略层面,如何发展海洋体育产业也成为舟山重点研究的课题。因此,舟山市体育局在原有《舟山市体育设施布局规划(2008—2020)》的基础上,进行舟山海洋体育发展规划的设计工作,在舟山全域分近期(2015年前)、中期(2020年前)、远期三个目标,计划通过几年的努力,把舟山打造成我国海洋体育品牌赛事试验区、滨海运动休闲核心区、海洋群众体育示范区以及国内外知名的海洋运动中心。

以其知名的岱山岛为例。岱山(见图8-1)素有"蓬莱仙岛"美誉,海岸线长约665千米,海域面积5000多平方千米,滩涂57.4平方千米,拥有大小沙滩10个,岱山本岛有公路、机场、沙滩、石壁、泥涂等资源,衢山有海水、沙滩、礁石等资源,秀山有沙滩、泥涂、海水、礁石等资源。丰富的海洋体育资源,构筑了发展滨海休闲体育运动的先天条件。

图 8-1　岱山海岛海滩

通过对上面三个省市区域的分析可以看到,滨海休闲体育产业在我国一些滨海城市已经逐渐兴起,在政府层面,这些区域均将滨海休闲体育产业作为重点产业来扶持发展。可以预计,在市场和政府双重驱动和引导下,未来我国滨海休闲体育产业将实现快速发展,成为沿海城市新的产业热点。

二、滨海游憩管理

在发展当地和区域型游憩和运动项目时,应该由社团评议机构承担评价责任和义务。评议机构包括维持服务项目和场地所需要的明确认识及便利有效的管理组织。

(一)建立运动和游憩论坛

可以让旅游者参与管理的一个方法是建立体育和游憩论坛,它表明这些论坛考虑了切实可行的滨海游憩项目的需要。

由社团组织的论坛在发展基于社区的运动和游憩活动方面具有共同的兴趣,有助于让人们广泛参与滨海游憩项目发展。这些论坛有能力通过与游憩活动组织一起工作来增强社团对滨海和海洋游憩方面的意识,像现在的关爱海洋和海洋运动组织、当地的海洋环境组织、旅行社等。

（二）培训

如果想让高质量的游憩服务在滨海发展,应不间断关注对志愿者和雇用员工的培训。

（三）招聘志愿者

游憩业发展的潜力在于大量志愿者的加入,每个地区都有志愿者组织的存在,这些组织的目的不仅在于提供大量管理技能的培训,还包括志愿者能力的鉴定。培训时机,可以选择在志愿者组织开展滨海游憩服务前进行。

（四）招聘员工

在各地区,游憩业都应有行业培训咨询机构管理分析日常培训服务信息,以此记录滨海游憩行业的相关需要。通过行业培训咨询机构,短期和大规模培训实现以下目的：增强海洋和滨海管理和专业技能；战略性商业管理和规划；土著遗风与咨询；资产管理；市场营销和公共关系；整合滨海规划。

三级培训可以在大学、技术院校和更高一级的教育体系中的游憩、旅游和环境部门实现,在海洋管理中滨海游憩培训应该提供给那些从事滨海游憩工作的雇员。

（五）奖励优秀

每年对优秀者的奖励应该是彰显滨海游憩业重要性和提升服务标准的方法,奖励应该颁发给如下人员或领域：创新型的滨海游憩活动；专业经营者和滨海游憩业中的佼佼者；来自商业游憩投资人的高品质服务；在游憩建筑和设计上做出杰出贡献的人；把自然文化遗产的保护与游憩带结合起来的倡议；海岸游憩带的绿化。

（六）风险管理准则

任何与海洋有关的游憩活动都包含需管理的高风险成分。以下准则应该在特定风险管理的过程中予以考虑。

①在某种特定的游憩活动中,验证一个人是否有某种不适应这项运动的疾病,避免使个人处于危险之中；②有关个人安全和设施安全的

程序,比如游船相撞、燃料溢出,意外事故责任;③滨海游憩活动隐患的辨识,如礁石、悬崖等;④诸如暴风雨等自然灾害造成的潜在损失;⑤淹没和侵蚀;⑥气候变化;⑦建立游憩设施清单;⑧建筑物维护标准实施;⑨游憩设施日常消耗的检查;⑩与游憩活动和游憩项目有关的商业竞争风险;⑪对当地、州、国家经济衰退的影响。

在一个有效的管理计划中,不应该否认风险的存在或者试图消除所有的危险环境,而应该建立处理风险的策略。

三、滨海休闲体育项目、管理模式现状(以广东省为例)

(一)开展的项目现状

常见的滨海休闲体育项目(见表8-1)。

表8-1 广东省滨海体育休闲开展项目

地点	经营项目
湛江东海岛	空中跳伞、海上摩托艇、沙滩跑车、沙滩排球、足球、风筝
茂名第一滩	沙滩排球、沙滩足球、山坡滑翔伞、双人滑翔机、水上快艇、骑马
阳江海陵岛大角湾	沙滩跑车、骑骆驼、海上摩托艇、水上单车、蒙古跑马、水上乐园、潜水
珠海金海滩	海浴、冲浪、沙滩排球、沙滩足球、沙滩车、骑马、游艇、垂钓、射箭、沙滩露营、海沙浴
深圳大小梅沙	沙滩游戏、索道滑水、摩托艇、潜水艇、沙滩车、沙滩排球、垂钓、休闲潜水、海滩跑马、水上快艇

(二)滨海体育休闲企业的管理模式现状

广东省滨海体育休闲的管理模式主要有以下三种。

1. 景区管理委员会模式

它包括两个方面的内容:第一,景区管理委员会通过收取门票的方式开放公共体育活动场所,提供滨海体育休闲活动项目。第二,景区管理委员会通过租赁景点场地给体育项目经营者的方式,让经营者自主进行滨海体育休闲活动项目的开发与经营(见图8-2)。

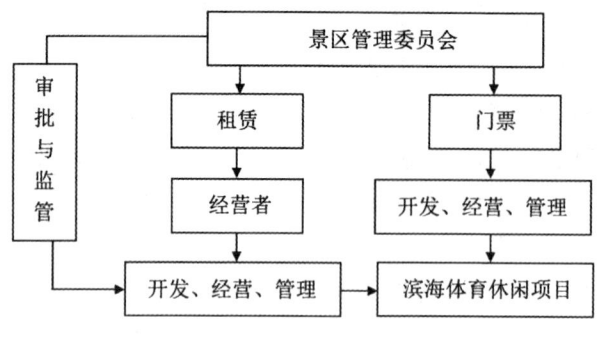

图 8-2　景区管理委员会模式

2. 公司模式

这种经营模式指的是旅游景区管理机构通过承包或租赁等途径,委托授权专门公司独家经营景区资格的方式经营管理,或者是由管理机构出面组建旅游公司的方式进行经营管理(见图 8-3)。

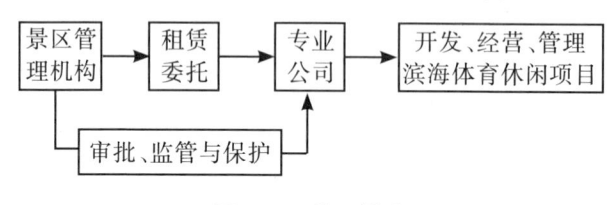

图 8-3　公司模式

3. 非景区独立模式

非景区独立模式,其特征主要在于滨海体育休闲经营者根据特定体育运动项目的特点,在非特定的滨海区域设置适当的滨海体育休闲运动项目,并通过在城市设立的办事处召集参与人员来实现,如深圳环宇专业潜水中心举办的潜水运动等。其结构如图 8-4 所示。

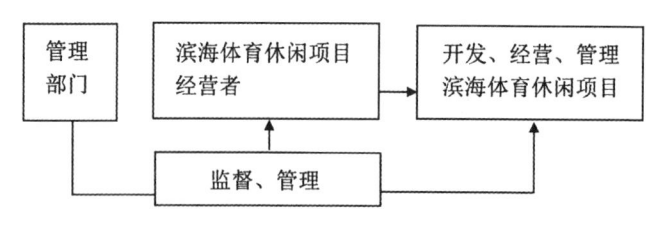

图 8-4　非景区独立模式

第三节　垂钓休闲产业的经营与管理

垂钓是一项很好的有益于身心健康的户外活动。垂钓是捕捉鱼类的一种方法,在中国有着悠久的历史和文化,很多古籍如《战国策》《吕氏春秋》《史记》《水经注》等都有记载。据传3000多年前,姜太公垂钓于渭水,巧遇文王而被封侯拜相,从而流传下了一段民间佳话——姜太公钓鱼,愿者上钩。

休闲垂钓运动已日渐成为一种时尚的休闲度假方式、一项群众性休闲体育活动,只要有水域的地方就可以享受垂钓所带来的乐趣。不过,垂钓不同于简单的钓鱼活动,而是钓鱼活动与钓鱼者亲身体验的结合,是钓鱼活动的升级。简单的钓鱼活动强调"鱼",而垂钓运动重视"钓",出来垂钓意不在满载而归,他们需要的是垂钓过程中悠闲、愉快的心理体验,以及通过垂钓获得心灵的陶冶和生活品位的升华。一名优秀的垂钓者,不仅要具备丰富的垂钓知识,还要熟练掌握攀岩、登山、航海、游泳等技能,同时还要有负重行走的能力。特别是在炎热的夏天和寒冷的冬天,垂钓者不仅要忍受高温的煎熬,还要经受寒风的考验。

据相关报道,日本有2000万名垂钓爱好者,占全国人口的近20%;瑞典每三个人中就有一名垂钓爱好者;美国有6000万名垂钓爱好者,其中近1/3是妇女,不少美国人每到周末或假期就乘车船到湖泊或海洋上进行垂钓。可见,垂钓运动深受世界人民的喜爱,是一项男女皆可、老少皆宜的全民运动。1991年1月中旬,由澳大利亚、日本、美国、英国、斐济、墨西哥和新西兰等国的53支队伍参赛的第19届钓旗鱼比赛,冠军为新西兰的一名年仅7岁,名叫乔纳珊·克林的小孩子。

我国于1983年开始把垂钓列入正式比赛项目。目前我国垂钓的爱好者越来越多,并有钓鱼人口年轻化的趋势。总体上看,我国垂钓运动在乡镇的发展速度快于城市。

一、垂钓运动的场地及设施器材

(一) 垂钓的场地

休闲垂钓鱼塘可分为规则式和自然式两种。规则式鱼塘(见图8-5)为规则长方形或正方形,垂钓较为简单,适合垂钓初学者。由于岸线为直线,地形一致,也适合进行多人垂钓竞赛。自然式鱼塘(见图8-6)则为模仿自然湖泊、河流、溪水、深潭等各种水体自然形态的垂钓池。池底和驳岸的处理多用软质形式,为人们提供更为自然的垂钓环境,进水和排水方便。依据休闲垂钓场所的预测接待能力,人均2~4米设置垂钓位,以此控制驳岸长度。休闲垂钓大多为淡水钓,可以不考虑海钓方式,根据淡水竿的长度,以及各甩竿方向和垂钓方式决定最小垂钓面积。钓池最小面积不得小于两个方向同时甩竿时两钓竿的长度。

休闲垂钓鱼池的植物配置应考虑到场地的特殊用途,选择具有多重功能且不会妨碍使用者的植物。鱼池边乔木种植需要同时满足遮阴要求和不妨碍钓者下钩的条件,冠高和冠幅应有所控制。冠下高度不应小于2米。为营造宁静、私密的垂钓场所氛围,场地周边要选择遮蔽效果较好的乔灌木。此外还需控制水生植物的蔓延。

为丰富垂钓者的休闲体验内容,可在池塘边设置遮阳避雨处和休憩处,如可搭建回廊、凉亭曲桥、休闲草棚、小木屋或亲水平台等,供垂钓者或其他随行人员休息娱乐。环绕池塘四周可养殖土产禽类,种植无公害蔬菜、水果。

图8-5 规则式鱼塘

图 8-6　自然式鱼塘

（二）配套设施与服务

1. 钓竿及其附属物

钓竿是垂钓运动中最主要的配件,也是钓鱼人购买渔具时要考虑的重点。钓竿中钓线的种类有：尼龙线,具有直径小、拉力大、柔软挺直、不打结、不沾水、隐蔽性好等特点；锦纶线,耐磨、不怕挤压、柔韧性好、伸缩性小,一般用来连接钓钩；金属钓线,由铜丝或不锈钢丝制成,连接钓钩用以钓牙齿锋利的大型鱼类。渔轮是钓竿的摇轮,用以伸缩钓线,其种类有：土轮,结构简单、重量轻、蓄线量大；手摇柄机械轮、分旋压式机械轮和封闭式绕线轮；自动械绕线轮,具备微电子装备,结构精密、钓力大。鱼钩则是和鱼接触的工具,用以将鱼钓起,其种类有：圆形钩,便于鱼吞食,不易脱钩；袖形钩,不易脱钩,装饵拴钩方便；角形钩,便于装活饵,容易跑鱼。此外,还有浮漂,种类有：立式浮漂、卧式浮漂、球形浮漂、线浮漂。

2. 钓鱼服

对于淡水钓鱼来讲,钓鱼服并不是必备品,海钓则较为重要,往往与救生有关。

3. 钓鱼船

钓鱼船分为小型和大型。小型钓鱼船又名旅游艇、皮划艇(二人、四人、六人),是一种小型手提式轻便旅游艇。把它折叠后放入旅行包,可轻松地丢进后备厢或固定在车顶上。大型钓鱼船又名游艇,一般用于海钓。

钓池周围厕所、渔具商店标识明显且方便易达。如果钓池面积较大,服务设施要均匀覆盖;池塘要配备增氧机、投饵机、小型发电机(以便池塘日常管理)。

此外,休闲垂钓场所设计要注重女性市场和亲子项目开发。目前垂钓场所服务对象多为男性,但在家庭、团体出游的氛围日趋浓厚的今天,在服务男性钓者的同时,开发亲子项目,如亲子垂钓、摸鱼等,是吸引游客的重要手段;再如,可开展"农家乐",为垂钓者提供餐饮服务,现场烹鱼、品鱼,开展多种经营,提高整体效益。

二、垂钓运动的基本技战术

钓鱼的技法通常分为手竿钓、投竿钓、手钓、延线钓和拖钓五类。不同的钓鱼形式下同一种钓鱼技法也略有不同,例如同为手竿钓法,在底钩垂钓和浮钩垂钓中就有不同的操作手法。

(一)底钩垂钓

底钩垂钓是在选定的钓鱼地点处,使钓钩沉入水底,钓栖息于底层鱼类的钓鱼形式。它分为以下几种。

1. 手竿底钓

手竿底钓分为长线钓法、短线钓法和不带浮漂的长短线钓法。

长线钓法的钓线等长或略长于钓竿,适用于水深的钓点。由于钓线长,要把钓饵头放在准确的位置,一般有两种方法:一种是单手或双手握竿,先慢慢向后悠竿,将钩坠带到身后,随即适当用力向选定的钓点挥竿,借助竿的弹力,将钓钩甩到钓点;另一种是右手握竿柄,柄端紧贴肘部,竿体略向下倾斜,竿尖指向钓点,左手捏住钩坠上方的钓线,然后右手迅速扬竿,左手同时松线,使钩坠在扬竿的瞬间,借助竿梢的弹性向前悠出,右手随钩坠的下落将钓竿放在支架上。浮漂缓缓上升或轻轻跳动随即下沉时,表示鱼在咬钩,要及时提竿,提竿时腕部发力,先快后慢,快是为了将鱼钩牢,慢是为了钓到大鱼时合理利用竿的弹性和线的长度遛鱼,避免折钩、断线、伤竿等现象出现。

短线钓法适用于水不太深的钓点。这种钓法钩坠垂直入水,可准确落在钓点上。等鱼的过程中可不时上下提动钓饵,诱鱼吞食,上鱼率高。短线钓法在水草浓密的静水中能更好地发挥特长,主要垂钓中小型鱼类,遇到大鱼时因为回旋余地小容易伤竿、断线等。

不带浮漂钩法配长线时,适用于流水水域或夜间垂钓。配短线要多"看气泡",这种钓法需要垂钓者有丰富的经验和良好的手感、反应速度,凭借手感和观察抓住时机,迅速提钩,适用于垂钓鲤鱼和鲫鱼。

2. 投竿底钓

投竿底钓是用投竿装备绕线轮远投垂钓栖息于底层鱼类的钓法。其投甩方法分为直投法、侧投法和斜投法三种。

(1)直投法

直投法又叫过顶投法。此法配施压式绕线轮甩投时,左脚在前右脚斜后,左脚尖朝向目标,右手握在竿体固定绕线轮支座部位,绕线轮朝下,扳起拨线架,用食指压住钓线,左手握竿柄端,将竿举过头顶,竿的前端倾向后下方,然后两眼盯着钓点远方,用蹬腿的力量及腰背和臀部鞭打力量协调配合目标挥竿,当竿过头顶时,右手食指松开钓线,将钩坠投出,当钓饵即将入水时稍微提一下,防止钩坠坠入水时声音过大把鱼惊走;配手拨轮投甩时,基本姿势与上述相似,不同的是右手握住绕线轮的竿体,距轮轴5厘米左右,用食指压住轮轴,不使其转动,当竿过头顶时,食指松开轮轴,将钩坠投出,当钩坠要接触水面时,右手食指要立即按压线轴,停止出线。

(2)侧投法

侧投法是在身体侧面,将竿由下而上斜挥的投法。双手握竿部位及身体的基本姿势与直投法相同,只是在投甩时先将竿引向右后侧,竿的前端略向下倾斜,身体随竿稍向右扭转,然后腿部及腰背的协调用力带动双臂向前上方挥竿,将钓饵投向钓点。

(3)斜投法

投甩时随身体转动开始甩竿,在腰扭向目标的同时,右手向前推送钓竿。

3. 海洋中底钓

在海钓时,多选择水底无礁石的水域,如海滩、码头等,用串钩,上沙蚕、蚌肉、小虾等为饵,可钓鲆、鲽等底层鱼类。投竿底钓时,当竿尖颤动、突然下弯或回线时,都是上鱼的信号。也可在竿梢处装一小铃铛,铃铛一响及时提竿。

4. 手感底钓

手钓不用竿,凭手感垂钓。用钓线连接铅坠和钓饵远投垂钓时,垂钓前,将钓线绕在圆柱形绕线器上,钓线的另一端连接钩坠,投甩时,左手持绕线器的一端,另一端朝向投甩目标,右手捏住离饵 50～80 厘米的钓线,抡动钓线,使其按顺时针方向做圆周加速运动,当钩坠前方飞行大约 40 度时,顺手松开钓线,将钩坠投出。当钩坠沉入水底后,用右手食指挂住钓线,拇指将线压住,不时轻轻提起和慢慢放下,诱鱼上钩,鱼咬时凭借手感得知。这种钓法经济、简单、便携,适用于普通百姓和初涉垂钓的爱好者。

(二)浮钓

浮钓是将钓饵悬浮于不同水层,垂钓水体中下层、中层及上层鱼类。

1. 手竿浮钓

手竿浮钓时垂钓者要轻轻走向钓位,保持隐蔽,轻轻将钓饵抛向钓点,之后不时轻轻上提、慢慢放下,诱鱼上钩。当浮漂突然沉入水中时,要快速起竿,将鱼钩牢,如鱼个体较大,需要保持钓竿弯弓状态,慢慢遛鱼,待鱼筋疲力尽时,再用抄网把鱼抄上岸。

2. 投竿浮钓

投竿的优点是投得远,钓的鱼大,不易跑鱼。投竿可依据不同水情、鱼情采用多种方法,使钓饵游动于不同的水层,做出近似于活饵的各种动作。

真饵浮钓钩、坠、浮漂的连接方法有以下四种。第一种,钓线下端连接一铅坠,钓钩连接于铅坠和浮漂之间,鱼咬钩时浮漂下沉,用以垂钓上、中、下层鱼类;第二种,钓线下端连接一开口坠,钓钩连接于铅坠下方,浮漂固定于距离铅坠1米左右的钓线上;第三种,钓线末端用连接用具连接钓钩,钓钩与浮漂间距离20～50厘米,在浮漂后装一通心孔活坠,把钓饵投到钓点后,通心孔坠沿钓线滑落水底起定位作用,然后钓线略有绷紧,钓饵悬浮于水面下,鱼咬钩时浮漂会下沉;第四种,漂饵合一,此法只是用于钓鲢、鳙,用1.5厘米粗、2～3厘米长的小塑料管,按不同方位钻8个小孔,用硬脑线组钩从孔中穿出1寸多,然后填满泡沫塑料,用蜡封死,组钩线由一段细铁丝固定,入水后,饵漂浮于水面,铅坠顺钓线滑落水底,只需稍收线,就可调整漂饵在水体中下沉一些。

3. 线浮钓

这是不用竿,只用数十米或更长的钓线加上浮漂和钓钩进行垂钓的一种方法。垂钓时,将一浮力大的球形浮漂固定在钓线的一端,在钓线上每隔30～50厘米用支线连接一个钓钩。

(三)船钓

船钓可以使垂钓者在广阔的海洋、江河、湖泊、水库等水域自由选择钓点,具有明显的钓位选择优势。

1. 手钓

垂钓时,先将船选好位置,从船舷的另一侧将钩坠放入水中,直落水底,然后用手指捏住钓线,不时提动钓线,诱鱼上钩。钓大鱼时要顺势放线、遛鱼,否则不仅可能断线,而且可能划伤手指。

2. 拖钓

在行驶的船上,把钩、线、浮漂放入水中,由船牵引进行拖钓。海上拖钓一般用模拟假饵,浮漂固定在钓线末端。一根钓线可连接几十个假钓饵,船与水流应呈交叉的角度以中速行驶,使假饵在水流中近似活饵游动。在淡水中用假饵拖钓时,可用羽毛钩或颜色鲜艳的塑料管装在钩的后弯柄部充作钓饵。

三、垂钓运动的训练方法

垂钓技术的进步是需要垂钓者长期磨炼的,不仅要在反复的实践中练习投饵、起竿、收鱼的技术动作,更要在实践中积累经验,掌握各种鱼类的习性,了解不同水域鱼种的分布。垂钓技术的训练方法就是将技术动作在实践中反复尝试,直至掌握,如果垂钓爱好者没有时间、条件亲身到垂钓水域练习,则可以到附近的小池塘等水域利用无钩的渔具练习技术动作,并可以在练习中增加定点投点的难度设置等,模拟真实垂钓。

垂钓本身就是一项需要耐心的运动,练习中除了练习技术动作,还要注重日常的耐心养成,生活、工作中学会平稳静心,这样不仅有益于钓鱼技术的进步,而且对心理健康、个人风度的培养、人际交往改善等都有很好的帮助。

四、垂钓运动的注意事项

鱼类是大自然的宝贵生物,垂钓爱好者在享受垂钓带来的乐趣的同时,也要有文明垂钓的意识和责任。

(1)根据国务院颁布的《水产资源繁殖保护条例》等国家法规规定,名列在目的我国特有、稀有、濒危的水生生物是严格禁止钓取的,垂钓爱好者首先要了解这些物种的生活范围,避免到国家保护动物的聚集地进行垂钓,并且要了解这些保护动物的形态、样貌,如果在垂钓过程中发现它们,要及时放生或上报国家动物保护部门。

(2)在垂钓过程中不要破坏水域周围的植被、环境,不要乱扔污物,不要向水域、陆地投放高污染性的化学物品、垃圾等有害物品,在垂钓过程中产生的垃圾一定要细心保管并随身带离,投放到垃圾桶内。

(3)垂钓者周围时常有其他爱好者在同一水域享受垂钓,此时一定要保持渔友间的垂钓默契,不要大声喧哗吓走鱼群,不要到处乱走影响他人垂钓,不要与他人争夺钓点,在渔友需要帮助时要主动伸出援手,适时地与渔友轻声交流,保持愉快氛围。

(4)不到明文规定禁止垂钓的水域钓鱼;在对渔具有限制规定的水域使用符合规定的渔具;尊重水域管理人员,服从管理人员的劝说或命令。

（5）在野外垂钓，时常有始料未及的意外发生，垂钓爱好者一定要在垂钓时注意安全。

参考文献

[1] 于芳. 休闲体育 [M]. 天津：天津科学技术出版社，2020.

[2] 邵伟，罗建章，谢明. 休闲体育项目策划与管理 [M]. 青岛：中国海洋大学出版社，2020.

[3] 许进. 体育产业的发展及市场化运营研究 [M]. 徐州：中国矿业大学出版社，2018.

[4] 谢朝波. 当代体育产业发展与体育行为心理探究 [M]. 北京：北京日报出版社，2019.

[5] 曹亚东. 体育产业经营管理 [M]. 西安：西安交通大学出版社，2015.

[6] 蔡宝家. 区域休闲体育产业发展研究 [M]. 厦门：厦门大学出版社，2017.

[7] 胡昕. 经济学视角下的中国体育产业发展研究 [M]. 青岛：中国海洋大学出版社，2018.

[8] 汪志刚. 体育产业市场营销学 [M]. 武汉：武汉大学出版社，2019.

[9] 张春志. 我国体育产业发展的理论与实践研究 [M]. 北京：新华出版社，2015.

[10] 李崇飞. 中国体育产业发展研究 [M]. 武汉：武汉大学出版社，2016.

[11] 周学政. 体育产业多元化发展战略 [M]. 天津：天津科学技术出版社，2014.

[12] 柳伯力，廖川江，张超慧，等. 体育产业论 [M]. 成都：四川科学

技术出版社,2008.

[13] 高玉敏,沈伟斌,胡瑞敏.中国体育产业发展的理论与实践[M].北京:光明日报出版社,2017.

[14] 谷茂恒.我国休闲体育产业研究[M].天津:天津科学技术出版社,2020.

[15] 李勇.休闲体育经营管理与产业研究[M].咸阳:西北农林科技大学出版社,2018.

[16] 曹可强,张林.体育产业概论[M].北京:高等教育出版社,2019.

[17] 韩洋.体育产业理论与营销实践研究[M].哈尔滨:哈尔滨地图出版社,2018.

[18] 李艳翎,肖宗涛.竞技体育项目与管理[M].长沙:湖南文艺出版社,2006.

[19] 李静文.休闲体育产业与经营管理[M].北京:新华出版社,2017.

[20] 祝慧英.中国体育健身休闲产业发展研究[M].中国广播影视出版社,2017.

[21] 徐勇.中国体育旅游发展研究[M].武汉:华中科技大学出版社,2016.

[22] 陈文华.多元化视野下体育旅游发展研究[M].哈尔滨:哈尔滨地图出版社,2019.

[23] 史连峰,吴立娟.休闲体育与全民健身[M].长春:吉林文史出版社,2017.

[24] 黄超,宁亮生.体育产业经济与体育市场的发展研究[M].哈尔滨:哈尔滨工业大学出版社,2018.

[25] 王汝尧.区域休闲体育产业发展及其市场化运营[M].长春:东北师范大学出版社,2019.

[26] 肖洪凡,刘晓蕾.休闲体育课程建构理论与实践研究[M].石家庄:河北人民出版社,2019.

[27] 谢卫,邬建卫,刘雨,等.休闲体育概论[M].成都:四川大学出版社,2014.

[28] 尚东.体育事业管理百科 第3卷[M].长春:吉林音像出版社,2003.

[29] 张成．体育产业开发、投资、运营管理与体育项目可行性研究及经济评价手册 第1卷[M].合肥：安徽文化音像出版社,2003.

[30] 纪康宝．体育俱乐部市场化运作与现代化管理实务手册 上[M].长春：吉林电子出版社,2003.

[31] 乐后圣．奥运产业化营运 同政府官员与企业人士谈奥运经济[M].北京：中国时代经济出版社,2002.

[32] 罗慧坚,谷枫．当代中国体育产业发展策略研究[M].北京：中国书籍出版社,2010.

[33] 唐豪,魏农建．中国竞技体育产业市场研究[M].上海：学林出版社,2005.

[34] 陶宇平．体育旅游学概论[M].北京：人民体育出版社,2012.

[35] 苏春昱,张俊杰,孟恒．体育与健康[M].汕头：汕头大学出版社,2018.

[36] 杨铁黎,苏义民．休闲体育产业概论[M].北京：高等教育出版社,2011.

[37] 李明．体育产业学导论[M].北京：北京体育大学出版社,2001.

[38] 徐开娟,黄海燕,廉涛,等．我国体育产业高质量发展的路径与关键问题[J].上海体育学院学报,2019,43（4）：29-37.

[39] 任波,戴俊,夏成前,等．中国体育产业结构的内涵解析与供给侧优化[J].北京体育大学学报,2018,41（4）：16-23.

[40] 裴水廷．新常态下我国休闲体育产业发展对策研究[J].中国管理信息化,2021,24（10）：181-182.

[41] 李希扬,陈俊言．生态文明视域下城市休闲体育发展途径研究[J].冰雪体育创新研究,2020（22）：11-12.

[42] 陈晓峰．我国现今体育产业政策分析：存在问题与发展趋势[J].北京体育大学学报,2017,40（5）：7-15.

[43] 易剑东．中国体育产业的现状、机遇与挑战[J].武汉体育学院学报,2016,50（7）：5-12.

[44] 戴俊,任波,董宏,周玲玲,刘跃．我国健身休闲产业发展面临的困境及对策[J].体育文化导刊,2019（9）：67-72.

[45] 裴欣欣．全民健身战略下我国健身休闲产业发展策略[J].科学发展,2021（11）：90-96.

[46] 张丽丽,吴香芝.我国健身休闲产业政策演变历程、特征及展望[J].体育文化导刊,2021(7):98-103.

[47] 尹作亮,戴俊.健康中国战略下我国健身休闲产业政策供给研究[J].南京体育学院学报,2019,2(2):29-34.

[48] 李红记,张倍荣.新媒体时代体育竞赛表演产业发展模式研究[J].当代体育科技,2021,11(20):231-233.

[49] 张润平.休闲体育产业与旅游产业的融合模式探究[J].当代旅游,2021,19(14):84-85.

[50] 曹海妃.美丽乡村背景下浙江省休闲体育产业与乡村文化旅游融合发展模式研究[J].西部旅游,2020(11):1-5.

[51] 马志君,葛建军,裴庚,等.黑龙江省滑雪产业发展的内涵分析[J].体育科技,2020,41(5):103-104.

[52] 张瑞林.我国冰雪体育产业商业模式建构与产业结构优化[J].体育科学,2016,36(5):18-23+53.

[53] 张玉英,谭玉霞.承办冬奥会机遇下的河北特色休闲体育项目研究[J].社会科学论坛,2017(3):228-236.

[54] 吴晓曦.冰雪休闲体育创新发展模式研究[J].体育风尚,2018(9):77+95.